復活への信念

トランプは死せず

守護霊霊言

Ryuho Okawa

大川隆法

まえがき

アメリカ合衆国・前大統領トランプ氏の守護霊霊言である。今、フロリダで静養中の同氏に直接インタビューすることは、日本のメディアとしても難しかろう。その意味で、本書は、貴重な第一級資料となるだろう。

破天荒《はてんこう》な大統領であったがゆえに、彼は敵を多くつくりすぎたかもしれない。

だがトランプ氏なら常識外のことでもやってしまうかもしれない、という不確定《ふかくてい》要素《ようそ》が、アジア、太平洋地域の安定と安全をもたらしていたのも事実である。

バイデン氏当選の報が流れるや否《いな》や、北朝鮮の不透明化《ふとうめいか》、中国の香港強硬策、台湾への圧力、ミャンマー（ビルマ）の軍部クーデターなどが、わずか二、三カ月で起きた。WHOも、あっさりと武漢《ぶかん》から追い返された。「トランプは死せず」の声が、年内にも高まってくることだろう。

二〇二一年　三月十七日

幸福《こうふく》の科学《かがく》グループ創始者兼総裁《そうししゃけんそうさい》　大川隆法《おおかわりゅうほう》

トランプは死せず　目次

第1章　トランプは死せず
――アメリカは永遠なり――

二〇二一年二月十八日　収録
幸福の科学　特別説法堂《せっぽうどう》にて

4 アメリカのもう一段の復活のために 55

5　トランプ氏復活への秘策はあるか　76

第2章　復活への信念
――世界正義の実現に向けて――

二〇二一年二月二十五日　収録
幸福の科学　特別説法堂にて

3 政権交代で始まったアメリカの「分断」 118

6 世界に責任を持つアメリカであれ

「霊言現象《れいげん》」とは、あの世の霊存在の言葉を語り下ろす現象のことをいう。これは高度な悟《さと》りを開いた者に特有のものであり、「霊媒現象《れいばい》」（トランス状態になって意識を失い、霊が一方的にしゃべる現象）とは異なる。外国人霊の霊言の場合には、霊言現象を行う者の言語中枢《ちゅうすう》から、必要な言葉を選び出し、日本語で語ることも可能である。

また、人間の魂《たましい》は原則として六人のグループからなり、あの世に残っている「魂のきょうだい」の一人が守護霊《しゅごれい》を務めている。つまり、守護霊は、実は自分自身の魂の一部である。したがって、「守護霊の霊言」とは、いわば本人の潜在《せんざい》意識にアクセスしたものであり、その内容は、その人が潜在意識で考えていること（本心）と考えてよい。

なお、「霊言」は、あくまでも霊人《れいじん》の意見であり、幸福の科学グループとしての見解と矛盾《むじゅん》する内容を含《ふく》む場合がある点、付記しておきたい。

第1章　トランプは死せず

――アメリカは永遠なり――

二〇二一年二月十八日　収録

幸福の科学　特別説法堂《せっぽうどう》にて

ドナルド・トランプ（一九四六〜）

アメリカの政治家、実業家。共和党に所属。第四十五代アメリカ合衆国大統領。ニューヨーク市生まれ。一九六八年、ペンシルベニア大学卒業後、不動産業を営《いとな》む父親の会社に入り、一九七一年、経営権を与《あた》えられる。一九八三年、「世界一豪華《ごうか》なビル」トランプ・タワーをニューヨーク五番街《がい》に建てたのをはじめ、不動産開発やホテル、カジノ経営などで大成功して巨万《きょまん》の富を築き、「不動産王」と呼ばれる。二〇一七年一月二十日、第四十五代アメリカ合衆国大統領に就任。二〇二〇年の大統領選で半数近くの票を取るものの再選を逃《のが》す。

質問者　大川紫央《おおかわしお》（幸福の科学総裁補佐《ほさ》）

［他の質問者一名はAと表記］

※役職は収録時点のもの。

〈霊言《れいげん》収録の背景〉

本霊言は、二〇二一年二月十八日、トランプ氏の守護霊《しゅごれい》が大川隆法総裁のもとに現れて収録された。

1　バイデン新大統領をどう見るか

弾劾《だんがい》裁判が終わったトランプ氏の今の心境を語る

（編集注。背景に大川隆法総裁の原曲「悪い子はいないか？――草津赤鬼《くさつあかおに》さんの歌――」がかかっている）

トランプ守護霊　うーん、ああ。ドナルド・トランプ。

大川紫央　トランプさん（の守護霊）だった。

トランプ守護霊　一回（の収録）で本をつくるのはけっこう長くて大変だから、バイデン（守護霊）のまねをして申し訳ないが、ちょっとだけ録《と》れないかなあ（『バイデン守護霊の霊言』参照）。そうしたら、あとが楽になる。

大川紫央　なるほど。

トランプ守護霊　うん。（質問者は）君だけでもいい。僕《ぼく》はねえ、紫央《しお》夫人をとっても尊敬しているんだ。

大川紫央　ありがとうございます。せっかくなので、（トランプさんは霊言していただいて）大丈夫《だいじょうぶ》です。

トランプ守護霊　ここは、なんか、団欒《だんらん》の場であるからして、〝大統領〟が来ては

『バイデン守護霊の霊言』（幸福の科学出版刊）

いけないのかもしれないと思っているが。邪魔《じゃま》なのではないかと。

大川紫央　（笑）いや。

トランプ守護霊　（大川隆法総裁の孫を見て）ええ？　いいのかなあ。赤鬼が来たようにしか見えんだろう。申し訳ないかな。

（孫が部屋から出ていくのを見て）ああ、かわいい子が〝撃退《げきたい》〟されてしもうた。私は〝赤鬼〟です。ア～メリカ～の赤鬼さんが、や～って来～た～よ～♪　お孫さんにとっても申し訳な～い～な♪

大川紫央　いえいえ。トランプさんは今いかがですか。弾劾《だんがい》裁判がとりあえず終わりました。

トランプ守護霊　とりあえずはクリアだけどさ、そういうふうに、人を犯罪人に追い込《こ》もうとする、その国体っていうか、国のな、全体の体制は、これはまったく百八十度違《ちが》ったものであるからな。

「祖国の英雄《えいゆう》」を、今度は「犯罪人」にして追い詰《つ》めて、二度と立てないようにしようとしているっていうのを、これをやっぱり、正義の観点からどうしても引っ繰《く》り返す必要があるよな。

大川紫央　確かにね。

トランプ守護霊　ちょっと悔《くや》しいな。

バイデン氏は「実力で偉《えら》くなれた人じゃない」「普通《ふつう》の人」

大川紫央　バイデンさんの守護霊霊言のお話を聴《き》いていても、わりと、なんか……。

トランプ守護霊　ざっとして。

大川紫央　恨《うら》みを晴らすというか。

トランプ守護霊　そうだよ。

大川紫央　個人的な感情のところで。

トランプ守護霊　ネチネチしているだろう？

大川紫央　そうですね。しつこい感じがします。

トランプ守護霊　実力で偉《えら》くなれた人じゃないからね、彼はね。だから、空気みたいにフワフワしながら、人のご機嫌伺《きげんうかが》いさ。空気のように、年上なのに年下に仕えたり、何だかんだご機嫌を取ってさ、女性や黒人のご機嫌も取りながら渡《わた》り歩いて、〝いつの間にか上がっちゃった〟っていう。消去法でね、悪い人を〝間引《まび》いて〟残っちゃったみたいな、その運のよさは、彼を地獄《じごく》に堕《お》とすかもしれないなあ、気をつけないと。

大川紫央　あとは、（霊言をお聴きしていると）裏から少し手を回す傾向《けいこう》があるのかもしれないですけれども。

トランプ守護霊　それは、「普通《ふつう》の人」だっていうことさ。「普通の人」はみんなやるさ。俺《おれ》みたいに堂々とさ、「フェイクニュース」って言ってマスコミと戦ってね、大統領を続けられるような人はいやしないよ。それだけの精神力がある人がいないんだよ。

大川紫央　タフじゃないとね。

トランプ守護霊　やってられないよ。

まあ、私に対する正当な評価ができないんだろうと思うがさ。自分らが扱《あつか》いやすい「平凡人《へいぼんじん》」を選び出して、コントロールしようとさせたんだろう？　だから、マスコミの言うとおり動いてくれるような人を使おうとしているんだろう？

コロナのワクチンの副作用が出たら、バイデン氏は責任を取れるか？

トランプ守護霊　滑《すべ》り出しはさ、良好にやっているように見せているけど、だんだんに不満が出るよ。だいたい彼の拠《よ》って立つところは、ほとんどファイザー社の……。

大川紫央　ワクチン？

トランプ守護霊　ワクチンがね、バーッと大量につくられて、みんな打って、これで一気にコロナが消滅《しょうめつ》すりゃあさあ、「それ！　私が大統領に代わったら、こんなに機動的にやって、人命を救った」っていうことで、これだけで歴史に名前が遺《のこ》るぐらいのつもりでおるんだろう。

（でも）「おまえが救ったのと違うよ」って言うとる。「私がいたってワクチンは出回っとるんじゃ」っていう。

大川紫央　そうですね。

トランプ守護霊　私がいる間につくらなかったのは、それは、製薬会社が〝ズルをしていた〟のであって、私がいる間にできていたら、選挙結果は変わっている可能性もあるんだからさ。

どうしようもないじゃないか、なあ？　空気感染《かんせん》するんだからさあ。

それはワクチンも効くかどうか分かんないけどさ。その製薬会社のワクチンが効くかどうかの責任をバイデンは取らなきゃいけないし、アメリカ人に効いても、これが日本人に効くかどうかなんて分かりゃあしないさ。

もう「副反応」とか言っているけどさ、副作用はきっと出るだろうよ。だから、いっぱい、いろんな死に方をする人は出てくると思うよ。それ、責任を取れるかな？　大変だよ。

一億人にワクチンを接種して、そのうちの、あなたねえ、どのくらいが……、一パーセントが副反応を起こせば百万人？

大川紫央　そうですね。

トランプ守護霊　〇・一パーで十万人？　大変だよ。だからねえ、責任を持てないよ。

つくっている人たちは、もう〝やっつけ仕事〟でつくっているんだからさあ。本当にもう、検体を採取《さいしゅ》して、誰《だれ》のコロナか分からないやつに〝卵の白身ぐらい混ぜて〟つくっているんだからさあ、大量生産しているんだから、まあ、分かんないよ。本当に効くやらどうやら。本当はね、うん。

ワクチンを打って死ぬぐらいの人は、どうせ放《ほ》っといても死ぬけどさ、ちょっとしたことで死ぬだろうけどさ。

「トランプ支持者には報道の自由がなく、黙《だま》らされている」

トランプ守護霊　まあ、私は、ちょっとそういうものを抜《ぬ》きにして、私のやってきたことをねえ、理解してほしかったなあ。

大川紫央　アメリカの人たちとか、世界の人たちに？

トランプ守護霊　だから、もう嫌《きら》われただけでさ。たまたまほめられているのが、メラニアが大胆《だいたん》なファッションで出たとかね、そんなことぐらいですかね。

大川紫央　でも、あの情勢のなかで七千五百万人近くはトランプさんに投票しているので、分かっている方たちはいらっしゃると思います。

トランプ守護霊　でも、黙《だま》らされているからさ。そういう人たちには報道の自由はないから。

大川紫央　今、そういう人たちはみんな、もう〝狂信《きょうしん》・妄信《もうしん》のイカれた〟人たち、

〝洗脳された〟人たちみたいに言われているので。

トランプ守護霊　そうそう。極端《きょくたん》な行動を取ったら、全部さあ、全部〝イカれた〟人っていうことになるからさ。

まあ、私なんか、どっちかといやあ、もうX《エックス》－M《メ》EN《ン》よ。もうミュータント（突然変異体）だと思われているんだろうから。アメリカに生まれた、なんか、〝ミュータント大統領〟みたいに思われとるんだろうからさ。どうせ、トランプから変身してさあ、〝巨大《きょだい》な熊《くま》〟になって暴《あば》れるように思われているんだよ。

まあ、ちょっと悔しいがなあ。いやあ、うーん、分かんないかなあ。

「中国、イラン問題等にバイデン氏は何ができるか見物《みもの》」と考える

トランプ守護霊　まあ、中国が小手試《こてだめ》しに、まずはバイデンをからかうだろうし、（彼が）ミャンマーもどうするか見られているだろうし、イランもどうするか見ら

れているだろうけどさあ。

さあ、彼が〝事なかれ〟以外のことができるかどうか、見物《みもの》だね。あと、イスラエルもね、どうなるか見ているだろうけどさ。

世界のリーダーがねえ、いるかいないか分からない状態が続くよな。バイデンに訊《き》いても、「そういうものは担当者に訊いてください」とか、どうせ言うからさ。「〝大臣〟が決めることだ」とか、きっと言うよ。だって、自分の考えがないもの。だから、まあ……。

さあ、イラン問題ねえ、中国問題、ロシア、ミャンマー……、ビルマかあ、どうするつもりかねえ。

2 コロナ・ワクチンとオリンピック開催《かいさい》の見通しについて

「ワクチンはそんなには効かず、むしろ免疫《めんえき》が落ちる」と危惧《きぐ》

トランプ守護霊　まあ、ワクチンが効くかどうか分かるには一年かかるよ、きっと。その間は時間を稼《かせ》げるときだけどねえ。ただただ打つことだけ。日本はこれからだろう？　やっと打つところだけど、たぶん悪いものが出てくると思うよ。

大川紫央　副作用で？

トランプ守護霊　医《い》療《りょう》関係者にいっぱい打ってみて、みんな体調の異変を訴《うった》え始め

て、医療崩壊《ほうかい》が促進《そくしん》されることだろう、さぞかしなあ。

大川紫央　あと、変異種もありますよね。

トランプ守護霊　もともと大して効きやしないいんだよ。気の持ちようさ。効くと思えば効く。効かないと思えば効かないし。

器官に疾患《しっかん》がある人や高齢者《こうれいしゃ》は、肺炎《はいえん》に罹《かか》って死んだり、うーん、何だ？　風邪《かぜ》の悪いやつ、インフルエンザに罹って死ぬような人は、どうせ死ぬんだよ、これに罹ってなあ。だから、ワクチンを打っても、死ぬ人は死ぬよ。

大川紫央　まあ、そうでしょうね。免疫《めんえき》や体力が低下しているのが、きっと、いちばん危険なんですよね。

トランプ守護霊　免疫をつける前に、体のなかに悪いやつを打ち込《こ》んでさ、体のなかにそれに対抗《たいこう》しようとして免疫ができれば、いけるけど、それほどでなけりゃあ、それはねえ、例えば〝インフルエンザ菌《きん》〟を打ち込んだと思えばいいよなあ。それは、たまったもんじゃないわな。

だから、ワクチンはねえ、流行《はや》る前に打つと効く、効き目はあるんだけど、すでに流行ったあとに打っても、もうそんなには効かないと思うよ。すでにもういろんな、そういうふうな〝コロナ菌〟にみんな感染《かんせん》しているから、軽度ではあっても。軽度、中度、重度、レベルはあるけど、もうすでに持っているんだ、〝菌〟は。ほとんどの人がな。

そのなかでワクチンを打ってもね、たぶん意味はないと思う。だから、軽度の〝コロナ菌〟と戦って、負けない人は生きているし、悪くなっている人は重体で病院に行っているからさ。

だから、ワクチンは、本当は〝かたちだけのセレモニー〟で、大統領が国民を救ったように見せるための〝セレモニー〟としてはあるけど、実際は救えない。日本人だって救えないよ。

日本みたいに、もうこんなに、今ぐらい（感染者の）数字が減っていたらさ、東京で、もうほんの二、三百だとかさ、大阪《おおさか》で百何十とかさ（収録当時）、こんなのだったら、もうワクチンは要《い》らないよ、打つべきじゃないよ。もう、これは自然消《しょう》滅《めつ》するから。そのほうが、いちばん安全だね。

こんなのワクチンを打って、みんなに感染させようとしているんだからさ。日本人全員、一億人に感染させてから、免疫ができたところで、それでどうするんだよっていう。

だから、エイズ性の〝あれ〟が入っているからさ、免疫不全症候群《めんえきふぜんしょうこうぐん》の遺伝子が入っているので、ワクチンを打つと、今度、免疫性が落ちてくるから、いろんな病気に罹りやすくなる可能性もあると思うよ。

まあ、否定する気はないけどね。ほかにすることがないからね。まあ、「ワクチンでも打ってください」って、医療関係者に責任を政治が押《お》しつけようとしているんだろうと思うけどね。

日本の政治家の夜の飲酒や会食についての報道をどう見るか

トランプ守護霊　あと、日本の何か、「夜、酒を飲んだ」とかさ、「みんなで会食した」とかいったら、もうね、「政治家を辞《や》める」とか、「自民党から離党《りとう》する」とかやっているのを見て、何だか、危ないんじゃないか。これ、ほんと。なんか、ガラス細工《ざいく》でできたみたいな国だな。怖《こわ》くって。

だから、君たちの（国の）オピニオンは、〝週刊誌か、その程度で〟動くのか。

大新聞は、勇気がないから週刊誌に書いてもらって、そして、後追いで記事を書いて、それで部数を増やすっていう、そんなやり方だな。

大川紫央　でも、写真を撮《と》っている人も、その時間に（外に）出ているということですね。

トランプ守護霊　そうだよ。だから、〝緊急《きんきゅう》事態〟を守っていなくて、張り込んで仕事をしているんだろう、夜中に。それに、一緒《いっしょ》に酒を飲んでいる可能性も高いよな。

だから、それは、夜中に活動しているコウモリ型の人間たちだよな。

大川紫央　でも、もともと、政治家の人たちも、罰則《ばっそく》を国民に科そうとしていたぐらいですからね。罰則を科すのなら、そのくらい、ブーメランで返っていくのかもしれませんけれども。

トランプ守護霊　いやあ、ああいうやつらは、ちょっとね、政治家と、それから官僚《かんりょう》の上のほうのさ、お上《かみ》意識を持っているやつら、「おまえら愚民《ぐみん》は黙《だま》って従え。

お上の命令をきけ」って言っているような連中、このへんはちょっと一掃《いっそう》する必要はあるから。まあ、その意味ではいいけどね。

今、芋《いも》づる式にガーッと、コロナ関連で国民に罰則を科そうとしていた人たちが、自分らが守っていないのをバラされて〝クビになって〟いるが、次は五輪だな。オリンピックを招致《しょうち》しようとしてやっている連中のほうが、そろそろ〝逝《い》き始めて〟いるだろう。

東京オリンピックや中国の冬季オリンピックへの見解

トランプ守護霊　だから、世界情勢を見たらさあ、まあ、オリンピックぐらい強行するのもありかもしらんけれども、やっぱり、大勢の人が死んで、感染して、病院が塞《ふさ》がっている状況《じょうきょう》でさ、まあ、そういうときではないよな、はっきり言やあな。平時じゃないので。

〝戦時〟では、そういうオリンピックなんかするものじゃないし、平気な顔して、そんなところにさあ、「覇権《はけん》国家になろうとして、戦争当事国になろうとしている人たち」をお呼びして、放送すべきじゃないだろう。

そして、中国は冬季オリンピックもやろうとしているだろう？

いや、こういうときは、もう本当に〝ヒットラー支援《しえん》〟みたいになっちゃうよ。

3 アメリカは「世界正義」を確立せよ

「凡人《ぼんじん》たちに〝クーデター〟をやられたが、そのままでは終わらない」

大川紫央　先日、習近平《しゅうきんぺい》さん（守護霊）の霊言《れいげん》を録《と》ったのですけれども、習近平さん本人の魂《たましい》ではなくて、もう一段、何か入って、やろうとしている感じで、怖《こわ》さが増しているのではないかと思ったのですが（『習近平思考の今』参照）、やはり、トランプさんが大統領ではなくなったのを機に、向こうも、もう一段、闇《やみ》が深くなっているのかなという感じで……。

トランプ守護霊　そうそう。もう、それは行動開始。始まっているね。

『習近平思考の今』（幸福の科学出版刊）

私はね、神の支援《しえん》、まあ、アメリカの場合は、トス神《しん》を経由してエル・カンターレの光が降りておったが、トス神の言葉を聞いて戦っていたのに、その神の言葉を「非科学的で、非常識だ」と言った凡人《ぼんじん》たちによる政治が今できて、〝クーデター〟をやられたんでね。

だから、まあ、これは、そのままでは終わらないよ。

ええ、「トランプは死せず」だよ。

大川紫央　今のはかっこいいです！

トランプ守護霊　今のを題にしようかな。

大川紫央・トランプ守護霊　「トランプは死せず」。

大川紫央　かっこいい。

トランプ守護霊　かっこいいねえ。「永遠のトランプ」。いいねえ。

大川紫央　いいですね。

トランプ守護霊　ああ、いい感じだねえ。

大川紫央　いいですよ。

大統領選については「投票に不正があったが、押《お》し切られた」

トランプ守護霊　だからねえ、その凡人たちが集結して勝ったふりをしているけどさ、投票だって、偽《にせ》のものがあったっていうのも本当だしね。

だけど、もう（結果を）覆《くつがえ》すのは面倒《めんどう》くさいから、（最高裁や議会などが）押《お》し切ったんだよな。

大川紫央　もう亡《な》くなっている方にも、けっこう投票用紙が送られていたという……。

トランプ守護霊　そうだよ。

何百万人も……、亡くなっている人にも投票権（券）があって、それがなぜか投票されているんだからさ。「誰《だれ》がやったんだ」っていうことになるよな。

票は買えるからね。票は買えるので、ええ。まあ、こういうことを平気でやってるよな。

だから、不正はあったと思うよ。だけど、もう国の混乱を招きたくないから、もう、（結果を覆すなど）そういうことはしたくないんだろう。

「米新政権は〝腰抜《こしぬ》け〟だから、日本のために戦わないかも」

トランプ守護霊　まあ、それはいいけどさ。結果がいいなら、私は言わないよ。そのほうが結果としてよくなるならね、いいけどさ。

でも、〝こけおどしの政権〟でね、「アメリカはアメリカであり続けるんだ」というふうに見せながら、本当は腰《こし》が抜《ぬ》けていてさ、やるべきことができないような人たちに、この国を任すことがいいかどうかかね。

大川紫央　それに、やはり、トランプさんが負けてから、もう一段、アメリカも、「普通《ふつう》の唯物論《ゆいぶつろん》国家」というか、「本当に神がいない、ウィルスに負ける人間」というか、そちらに傾《かたむ》いていきそうです、唯物的な考えに。

トランプ守護霊　それはねえ、まあ、ウイグルはもう絶望だろうしなあ。香港《ホンコン》だって、もう絶望だろうしな。ローマ法王なんか、護《まも》ってくれないしなあ。

大川紫央　台湾《たいわん》も不安でしょうしね。

トランプ守護霊　台湾だって、もう〝ハリネズミ状態〟だろうけど。だから、今言われているんだろう？　南シナ海、南沙《なんさ》諸島や西沙《せいさ》諸島以外に、「東沙《とうさ》諸島」っていう、日本が気がついていない所を中国が狙《ねら》おうとしている。台湾のすぐ西側のね、小さな諸島。日本から見たら遠い……、遠いっていうか、見えない所だが、ここを上陸して取ったら、どうなるかっていうのをやっているし。（中国が）尖閣《せんかく》に上陸して実効支配、いきなり上陸して実効支配して、たちまちのうちに建設物をつくって、砲台《ほうだい》をつくられたら、日本はどうするか。アメリカはそのために戦うか。それは分からないね。何とも言えない。〝腰抜け〟だからさ、戦わないかもしれないね。

大川紫央　そうですね。「思いやり予算」を早いタイミングで合意できたといっても、そちらのほうが護ってくれそうに、一見、見えるけれども、（バイデン政権が）そういう行動を実際にやってくれるかどうかは、本当に怪《あや》しいところはありますものね。

「コロナ散《さん》布《ぷ》の政治的決定者と実行犯を逃《に》がすな」と主張

トランプ守護霊　少なくともねえ、今回のはやっぱり何と言っても、結論的には、中国には、このウィルス、コロナウィルスの世界散《さん》布《ぷ》に関して絶対に〝実行犯〟がいたと、私は見ているので。これらは逮《たい》捕《ほ》しなければ駄《だ》目《め》です。

逮捕しなければ、もう、中国の要《よう》衝《しょう》を攻《こう》撃《げき》するぐらいのことはやらないと、「世界正義」が確立しないよ。

世界中の国にねえ、これだけ、一億人以上の感染者《かんせんしゃ》（を出し）、これからもっと増えていく。これを広げたっていうことはね、それはもう、国のその指導部は檻《おり》のなかへ入れなきゃいけないんだよ。

大川紫央　バイデンさんの守護霊は、「そうは言っても、アメリカも途中《とちゅう》まで（ウィルスの）共同開発をしていたから、責任を追及《ついきゅう》していくとアメリカ自身にも跳《は》ね返ってくるので、やりたくない」ということを言っていたんですけれども（『バイデン守護霊の霊言』〔前掲〕参照）。

トランプ守護霊　言い訳、言い訳。すべてが言い訳。

中国がアメリカの技術を盗《ぬす》もうとしたのは事実だけどね。アメリカの遺伝子工学の技術を盗もうとしたのは事実だけど、「科学」だけではその目的性のところが決められないんだよ。目的性を決めるのは「政治」だから。だから、「政治的な決定責任」っていうのがあるんだよ。それについては徹底《てってい》的に問わなきゃいけないんだよ。

研究するのは、科学者は放《ほ》っとけば、いろんな研究はするよ。だから、アメリカの技術は高いから、中国から留学して、それを盗んだやつはいるよ。共同研究しているようなふりをして、盗んだやつはいるけども。政治の悪い介入《かいにゅう》が入って、それを使おうとする人が出てきたら、「協力できない」と言った科学者が出てきたのは、それは「アメリカの良心」だろうよ。

だけど、それ（ウィルス）を絶対に撒《ま》いたに違《ちが》いないから、今回。

撒くに当たってはですねえ、そんなに大勢の人がいるわけではないけど、人民解放軍の特殊《とくしゅ》部隊がやったに違いないんだよ。これを絶対に挙《あ》げるべきだし、この指揮命令系統の証拠《しょうこ》を挙げるためには、いわゆる、彼らはもう電子ネット網《もう》で連絡《れんらく》を取り合っているから、そこを掘《ほ》り起こしていけば出るんだよ、証拠は絶対に。必ず出るんだよ。だから、これをやっぱり挙げるべきだと思うね。

そういうかかわった人たちを、やっぱり捕《つか》まえるべきだし、指示・指令を出した者、方向づけた者に対しては、「絶対に許さない」っていう態度は、アメリカは堅《けん》持《じ》しなきゃいけない。

貿易高が幾《いく》らであろうが、そんなもの関係がないよ。〝悪の帝国《ていこく》〟は許さない。繁栄《はんえい》することは許さない。世界の正義は護《まも》ると。アメリカは〝スーパーマン〟である、〝スーパーマンの国〟なんだと。これは絶対譲《ゆず》れない。

だから、バイデンがそんなおためごかしのことを言って、言い逃《のが》れしようとしても、そんなものに騙《だま》されちゃ駄目だぞ。アメリカ人を弱気にさせようとして、中国を捜査《そうさ》させないようにするために、それを言っているんで。「アメリカも共犯かもしれないから、（コロナの責任追及を）やめたほうがいい」って言っているのは。

この手に乗るなよ。このね、〝凡人の知恵《ちえ》〟っていうのがあるから。

大川紫央　なるほど。

トランプ守護霊　こういうねえ、卑怯者《ひきょうもの》ほど言い訳はうまい。気をつけたほうがいい。

私は、「研究者がいたとしても、政治的決定者、それから実行犯、これに対しては逃《に》がすな」と言っているので。絶対に許さない。

「ＷＨＯのトップのクビを切って、懺悔《ざんげ》させなければ駄目《だめ》」

大川紫央　やはり、（アメリカが共同研究を）途中で止めるということは、本当に、さっきおっしゃった良心が働いているわけじゃないですか。

トランプ守護霊　そうですよ。

大川紫央　だから、「良心がある国か、ない国か」「ストッパーをかけられる国かどうか」ということで、やはり、覇権国《はけんこく》になっていいかどうかも変わりますしね。

トランプ守護霊　中国で研究していたのは分かっているんだけども、もう証拠が今なくって、一年後にＷＨＯが（武漢《ぶかん》に）入っていって、「何もつかめませんでした」と言って、本当にバカの上塗《うわぬ》りみたいなことをして帰ってるんだろう？　そして、そこにバイデンも一緒《いっしょ》に、またＷＨＯに帰ろうとしてるんだろう。

これはもう本当に「愚《おろ》か」としか言いようがないけど。ＷＨＯのトップのクビを切って、やっぱり懺悔《ざんげ》させなきゃ駄目《だめ》なんであって。

だから、中国からいちばん……、中国人が一億人罹《かか》ってね、それで、世界にそれが増えていって、アメリカが何千万も罹ったっていうなら分かるよ。だけど、中国は増えないでね、アメリカとヨーロッパにばっかり広がるなんて、そんなウィルスがあってたまるか。絶対ありえない。

大川紫央　おかしいですよね。

トランプ守護霊　絶対にありえない。持ち込《こ》んで散布《さんぷ》したやつが絶対にいる。

「コロナを人権問題にすり替《か》え、連帯で解決」という動きに苦言

トランプ守護霊　それに、インド人にまで効くっていうのは、これはそうとう研究してるよ。インド人が中国人より弱いなんていうことはありえないですよ、菌《きん》に対して。彼らは強い。だって、手でご飯《はん》を混ぜて食べている連中だからね。手を殺菌してからカレーが食べられるか？　無理だよ、そんなの。スプーンを使う習慣がないんだからね。

だからねえ、この強い人たちが罹っているんだからね、これは絶対に犯人はいる。そうとうの判断権を持っている人間が。これを、やっぱり明らかにしないと。それは国際的に連帯してやらなければいけない。

それをすり替《か》えてねえ、（バイデン氏は）「中国の人権問題に関しては、世界で連

帯してやる」とか、そういうことは言っているけど、まあ、何もしないのとほぼ一緒さ。「日本やオーストラリアやニュージーランドやイギリスなんかと連帯しながらやる」とか言って、まあ、そういう〝格好をつける〟のが、あの民主党のやり方だから、基本はね。

大川紫央　「中国人やアジア人が差別されるから」という理由で、「武漢ウィルス」とか「中国ウィルス」と呼んではいけないということにアメリカではなったそうです。

トランプ守護霊　いや、悪いことをやっているのなら、差別されてもしかたがないじゃないですか。

大川紫央　「スペイン風邪《かぜ》」とか、やはり、その発症《はっしょう》した所の名前を取って病名で呼ぶのは、慣例であるんですけれども。

トランプ守護霊　別に「ニューヨーク・ウィルス」じゃないですよ。

大川紫央　そうですよね。「（「武漢ウィルス」や「中国ウィルス」と）呼んではいけない」とか言っていて。大事なポイントの一つなのに。

トランプ守護霊　いや、その弱気がね、つけ込まれるんですよ、敵にね。まあ、だから、日本も、ちょっとねえ……。（バイデン氏が）「日本なんかも一緒になってやろう」みたいに言ったら、もう何もしないのと一緒になるから、たぶん。何にも考えていないから。

大川紫央　でも、本当に日本人に近い考え方の感じですよね、バイデンさんとか。

トランプ守護霊　ねえ？　「日本人も一緒になって、アジアの人権外交をやろう」とか（バイデン氏が）言ったら、まず、もう何もしないのとほぼ一緒でしょう。

大川紫央　聞こえがいいからというところはありますね。

トランプ守護霊　誰も（反論を）言える人はいない。いやしないよ。

大川紫央　トランプさんは長生きしてください。

トランプ守護霊　いやあ、まあ、あと四年たったって、バイデンの歳《とし》だからね。

大川紫央　大丈夫《だいじょうぶ》です。

トランプ守護霊　まだ大丈夫です。私、八十でもねえ、まあ、子供をつくるぐらいの力はまだ残っているような気がする。いや、大して酒も飲まずね。

大川紫央　そうなんですよね。

トランプ守護霊　ええ。私は変なものは何も摂《と》っていないんだけどね。それでも体は〝スーパーマン〟だからね。ああ、「トランプは死せず」だよ、うん。

4　アメリカのもう一段の復活のために

「アメリカの神はワシントンとリンカンの二人しかいない」？

大川紫央　トランプさんは、リンカンさんとも霊的《れいてき》にお話しされたりはできますか。

トランプ守護霊　それはそうでしょう。

大川紫央　そうですよね。

トランプ守護霊　「アメリカの神」というのは、もうワシントンとリンカンしかいないからね。あとは、まあ、神の手伝いをしている連中ぐらいだから。神は二人しかいないんだよ。

それはもう本当に、本物の地球神と「直属《ちょくぞく》」でなきゃいけないものだからね、うん。


「世界の正義を打ち立てることが大事で、犯人の人種が何かは関係ない」


トランプ守護霊　だから、まあ、ちょっと凡人《ぼんじん》と、凡人がつくったマスコミにやられたのは悔《くや》しいし、価値観を逆転させられたのは悔しいけど、まあ、一年以内には、また流れは変えられると思っているので、ええ。

「真実の炎《ほのお》は消えず」ということを、やっぱりねえ、私は言い続けたいね。今はフロリダから、もう一度、再起するための力を蓄《たくわ》えていきたい。

次の選挙資金は集めたから、ある程度。まだ活動は可能だ。バイデンだって〝尻《しっ》尾《ぽ》〟は出す、必ず。一年以内に〝尻尾〟が出てくるから。そこが攻撃《こうげき》ポイントだからね。

大川紫央　でも、やはり、因果応報《いんがおうほう》はこの世の世界でも出てくるところはあると思いますので、トランプさんの正しさは、いつか必ず実を結ぶと思っております。

トランプ守護霊　いや、私たちは別にねえ、レプタリアン（爬虫類《はちゅうるい》型宇宙人）じゃないからねえ。好戦主義者で、人殺しを楽しんだり、差別を楽しんだりしているわけじゃありませんので。

世界の正義を打ち立てることが大事で、それは、犯人が白人であるか黒人であるか黄色人種であるか、何の関係もない。

大川紫央　関係ないですよね。

トランプ守護霊　うん、何の関係もない。その人の思想・信条が世界を害しているかどうか、ここが問題なので。

大川紫央　そうそう。

本当に、それこそ、こういう問題で〝人種〟とかを言ってくること自体がもう、やはり、そう言っている人のほうが、そういう、「人種で人を見ている」としか思えないですよね。

新たな戦争の火種《ひだね》があるなかでは「主体性がある外交が必要」

トランプ守護霊　私の今の心境は、罪を被《かぶ》って身を隠《かく》しているバットマンの気持ちとそっくりだ。あんな感じだ。

大川紫央　「Not《ノット》 yet.《イエット》」ですね。

トランプ守護霊　「Not yet.」だよ。まだ終わってない。アメリカは終わらんぞ。まだ終わらない。私が生きているかぎり、アメリカは終わらない。バイデンが生きていても、私がいるかぎりアメリカは終わらないからね。

アメリカをねえ、〝凡庸《ぼんよう》な国〟にする気持ちはないし、（世界に）独裁者がいっぱい出てくるのは、絶対に許さない。

大川紫央　でも、トランプさんがいったん退《しりぞ》かれてから、習近平《しゅうきんぺい》さんの霊言《れいげん》を録《と》ったときに、もう一段、闇《やみ》が深くなっているのを感じて……。

トランプ守護霊　そうだよ。

大川紫央　やはり、トランプさんの力は大きかったんだなってことも実感しました。

トランプ守護霊　だから、今はミャンマー……、ビルマもそうだけれども、その「民主主義体制」が「軍事体制」に引っ繰《く》り返されようとしているし、中東もたぶんそうなるよ。

アメリカはまた「六カ国協議に戻《もど》る」とか言っているけど、もはや、もうイランのほうはまた核《かく》開発の推進に入っているし。イスラエルは後ろ盾《だて》がもうなくなったというので、これも核戦争の準備に入っているから、独自で戦うつもりで。だから、新たな戦争が起きる火種《ひだね》は燃えているよ。

大川紫央　火種が大きくなっているということですよね。

トランプ守護霊　大きくなっている。大きくなっている、うーん。まあ、だから、残念だねえ。

意外に、プーチンみたいなのでも、トランプの言うことは信じる。バイデンの言うことなんか信じないからね。だって、約束が反故《ほご》になるから、しても無駄《むだ》ですから、ええ。まあ、いろいろ考えているとは思うよ。

まあ、主体性がある外交が必要だよね。だから、〝きれいごと〟はもういいよ。「もう（アフリカの）ドゴン族（のところにでも）行って、帰ってやってくれ」という……。

大川紫央　そうですね。きれいごとの言葉でもね、本当に問題を解決してくれるのなら、それでいいんですけれどもね。

トランプ守護霊　ええ。だからねえ、もう「Not yet.」だよ、もう本当に。やるべきことはまだ残っていますよ。戦わなきゃいけないんだよ。いざというときは（バットマンの映画「ダークナイト ライジング」のように）中性子爆弾《ばくだん》をぶら下げて飛んでいかなきゃいけないんだよ。それがアメリカの大統領なんだよ。

だからねえ、まあ、「私が死んだ」と思っているかもしれないけれども、トランプは〝死んでいない〟よ。

大川紫央　はい！

一年以内に反撃《はんげき》のチャンスをつくり、中間選挙で盛り返したい

トランプ守護霊　トランプは復活するからね、必ずね。トランプの応援《おうえん》を今したらさあ、〝狂人扱《きょうじんあつか》い〟されるんだよ。

大川紫央　それはかわいそうです。

トランプ守護霊　日本でも、世界でも、アメリカでも。だから、みんなは鳴りを潜《ひそ》めるしかないんだよ。

大川紫央　そういうことはよくないですよね。

トランプ守護霊　「赤狩《あかが》り」みたいなやつ、昔の。「マッカーシズム」みたいなのがあって、〝トランプ狩り〟が行われるから。トランプに対して好意的な、友好な発言をしたら、〝狩り〟が始まるんだよ。

大川紫央　失礼ですよね。

トランプ守護霊　これが、何がねえ、「分断を排除《はいじょ》して、統合し、融和《ゆうわ》する国をつくる」と言うけど、全《ぜん》っ然《ぜん》そんなことない。

大川紫央　狂人扱いする発想も、分断を深めているだろうと。そのとおりですね。

トランプ守護霊　敵の失策を利用して、一気に自分たちの力だけで乗っ取ろうとしているとしか思えないよな。

だから、この一年以内に反撃《はんげき》のチャンスはつくりたいと思うし、まあ、次の中間選挙ぐらいで盛り返しをかけたいとは思っている。議会の勢力はまだまだ盛り返すことはできるので。

「独自のメディアを持たないと。GAFA《ガーファ》だって信用できない」

トランプ守護霊　それから、保守系のね、メディアをもうちょっと復活させて、ええ。

ちょっと、独自のメディアを持たないと。もうGAFA《ガーファ》だって信用できない。

大川紫央　本当に。

トランプ守護霊　もう信用できないですね。もう、〝中国利益〟がどの程度まで浸《しん》透《とう》しているか分かんないから。

君たちも、本当に気をつけるんだよ。ああいう大手のやつらは、自分らの利益のためにだけ行動するから。正義のためじゃないからね。利益を得るためにやるから。本当に気をつけたほうがいいよ。

大川紫央　フィルターが、情報にすごくかかり始めていますから。色が付き始めていますからね。

グレタが〝教祖〟になろうとしている環境《かんきょう》問題には気をつけよ

トランプ守護霊　環境《かんきょう》問題のところも、〝教祖〟のない環境問題、グレタが〝教祖〟になろうとしているけど、私はこれも本当に非科学的だと思っているから。いや、危ないと思うよ。本当に気をつけたほうがいい。

日本みたいにもう雪が降って大雪で困って、こんなに寒くて困っているのにさあ、私は話してても、もう鼻が詰《つ》まってくるぐらい寒いのに、これで、あなた、太陽光発電なんか、どうやってそれができるんだよ、本当に。こんな雪が降るような所は駄目だよ、そんなものはね。

風が強い所は、今度は、風力発電だって、ちょっと危なくなるしね。

まあ、「(日本は)地震《じしん》が多いから」と言っていたけど、もう中国なんかは、原子力発電所もつくっているけれども、石炭発電所から石油発電所から、つくってつくってつくりまくっているんだからさあ。もうお構いなしだよ。

もうエゴイストだよ。だから、もうCO_2なんか出しまくりだよ。「石油は二〇六〇年まで」って、「ああ、二〇五九年になったら考えます」っていうぐらいのところだし、統計は全部、嘘《うそ》をつくれるから。いくらでも減ったように書けるからさ。まあ、信じちゃいけないね。

あとは、海の資源も、「日本海の資源」も「太平洋の資源」も盗《と》られると思うよ。だから、日本人が魚を食べられない時代がやって来るよ。日本に観光客を送ってね、日本人に中国語をしゃべらせるようにするのが目的でやっているからね。

「お人好《ひとよ》し」だから、日本人は。気をつけたほうがいいよ。今こそ、英語熱を上げて、もうちょっと英語を勉強して、中国人と英語でビジネスをするようにしないと。中国語でビジネスをあんまりやっちゃいけないよ。思う壺《つぼ》だから。

中国には政治学などなく、自分たちを正当化した歴史を教えるだけ

トランプ守護霊　だからねえ、〝すっごく悪いこと〟を考えているから。ほんと、世界制覇《せいは》なんで。侵略《しんりゃく》なんですよね。

大川紫央　何か、普通《ふつう》の人が考えないようなレベルの悪いことを考えているんです

よね。

トランプ守護霊　考えていますよ。

大川紫央　だから、みんな、「信じられない。そんなことを考えているわけがない」と思うけど……。

トランプ守護霊　それは「民主的な国家なら」ということだけど。大学までがもう完全に洗脳されているからね。もう、そういう毛沢東《もうたくとう》思想か習近平思想で、大学まで統一されているから。中国には政治学なんかないからね、基本的には。自分たちを正当化した歴史を教えているだけ。

だから、（中国人が）日本へ留学しても、ねえ？　政治学とか法律とかを勉強させないで、「経済学だけ勉強しろ」って言うんでしょう？　まあ、あまり来ないけどね。

あとは、科学分野は欧米《おうべい》のほうが進んでいると思って、まあ、そこから狙《ねら》っていると思うけどね。

いやあ、日本人にそれだけの使命が担《にな》えるか、ちょっと私は疑問だけど。今のこの弱さから見て、政治体制の弱さから見て、疑問だけど。

「アメリカから正義を取ったら、ただの金儲《かねもう》けにしかならない」

トランプ守護霊　まあ、何とかね、私は復活するから。それを助けてくれれば、君たちもきっと浮上《ふじょう》できると私は思っているよ、うん。まあ、宇宙人のやつ（情報）だって、バイデンがどこまで公開するやら、分からんからね、ほんとね。

大川紫央　うーん、確かに。

トランプ守護霊　あっては困るんじゃないの、そういうものがあったら。不安になる。国民が不安になる。

実に「日本人的発想」をするから、気をつけたほうがいいよ。

大川紫央　神の正義が地上に降《お》りますように。

トランプ守護霊　ええ。神は一時的に退却《たいきゃく》したように見えても、必ず、もう一回、逆襲《ぎゃくしゅう》をかけてきますから。今はその作戦を練っていますからね。アメリカの「もう一段の復活」はありますよ、うん。

まあ、もし、あれだったら、最後、イヴァンカをもう一回戦わせますから。

大川紫央　うーん、確かに。

トランプ守護霊　ええ。黒人の副大統領が「大統領になる」と言うんだったら、もうイヴァンカを立候補させることだって考えますから、ええ。アメリカは負けない。

大川紫央　やはり、本当の神様の正義には人類愛が満ち満ちていますから。

トランプ守護霊　そうですよ。

大川紫央　本当にそうだと思います。

トランプ守護霊　いやあ、アメリカから「正義」を取ったらね、ただの〝金儲《かねもう》け〟にしかならないですよ。駄目ですよ、うーん。

それから、「宇宙時代」に入っていくから。これから「宇宙の正義」まで必要になってくる。

それを言っているのは幸福の科学・大川隆法総裁だけだからね。だから、まあ、「君たちも応援できるようなアメリカでありたい」と私は思っています。

大川紫央　ありがとうございます。

トランプ守護霊　いやあ、ローマ法王は護《まも》ってくれないよ。キリスト教徒さえ護ってくれない。見捨てているじゃないですか。中国で、香港《ホンコン》で、見捨てているじゃないですか。

アメリカ人に対してだって、アメリカに対して反発心を持っているから救ってくれないし。じゃあ、南米が豊かになるかといったら、なりもしない。

だから、まあ、「何かを選ぶ」っていうことには、「何かを捨てる」ような面が見えるかもしれないけども、それは、「善悪を峻別《しゅんべつ》できているかどうか」っていうことと関係するんだっていうことだな。

大川紫央　そうですね。はい。

「トランプは死せず、アメリカは永遠なり」

トランプ守護霊　まあ、あまりしゃべったらいけないから。今日はちょっと、本一冊をつくる前の〝前座《ぜんざ》〟の部分だけなので。

大川紫央　序章……。

トランプ守護霊　ああ、そう、そう。

大川紫央　序章だけど、タイトルは決まりました。

トランプ守護霊　バイデンのまねではいけないけど、まあ……。いや、そろそろ打ち返しが必要だな、次のな。

大川紫央　「トランプは死せず」。

トランプ守護霊　うーん、「トランプは死せず」。

大川紫央　かっこいい。

トランプ守護霊　うーん。「アメリカは永遠なり」。

大川紫央　いいですね。

トランプ守護霊　私こそ、アメリカの〝バットマン〟。

5　トランプ氏復活への秘策はあるか

ビジネスでの金儲《かねもう》けを知らないバイデン氏は〝袖《そで》の下〟で集める？

大川紫央　（質問者Aに）何かありますか？

トランプ守護霊　何かあるかいね。

質問者A　一年以内に復活する秘策みたいなものは何かお考えでしょうか。

トランプ守護霊　いや、まあ、凡人《ぼんじん》がやっているから、それはボロは出るだろうよ。

質問者Ａ　「ボロが出るのを待つ」ということですか。

トランプ守護霊　うん。まあ、マスコミが、頭がね……、もう頭が、なんか狂奔《きょうほん》しておかしくなっているからさ、〝冷やす時間〟がちょっとかかるから。

まあ、今のところ、ちょっとしょうがないから、フロリダにもう〝方違《かたたが》え〟をして待ちますけど、バイデンは、ほんと、「ニューヨークからトランプ・タワーを撤《てっ》去《きょ》させてやろう」ぐらい、そんなことを考えているんだよ、どうせさ。

大川紫央　いや、（霊言で）言っていました、この間（『バイデン守護霊の霊言』参照）。

トランプ守護霊　ほんと、そうなんだよ。

大川紫央　でも、本当にそのくらいやりたいんでしょうね。

トランプ守護霊　うーん。「増税をかけて、ぶっ潰《つぶ》してやりたい」ぐらいのことだろうと思うけどさ、そんなに甘《あま》くはないよ。

大川紫央　「それより、考える問題がもっといっぱいあるだろう」と。

トランプ守護霊　うーん。ビジネスマンをやったことがないからさ……。分かりゃあしない。だから、「どういうものか」っていうのもね、知らないと思うよ。まあ、また「汚職《おしょく》まみれの政権」になるさ。きっと、いろんなところから金をいっぱいもらって。要するに、ビジネスで金を儲《もう》けることを知らないからさ。

大川紫央　ああ、確かに。

トランプ守護霊　〝袖《そで》の下〟で集めるんだよ。

大川紫央　何か、「金をもらうことはいいことだ」という感じでした。

トランプ守護霊　そうそう。だから、「政治の応援《おうえん》をしてくれているんでしょう?」って言って、もらっていくんだろう。

大川紫央　それで、「お金を、持っている人がくれるのは、別に悪いことではないじゃないか」と。

トランプ守護霊　いやあ、日本でね、やっぱり、〝新しい力〟が今必要だと思うよ。日本のなかにも「悪いもの」がいっぱいあって、本当に「中国化しているところ」

がとても悪いので。（新しい力が）もう一段、燃え上がる必要はあるよ。

娘《むすめ》のイヴァンカ氏や娘婿《むすめむこ》のクシュナー氏への期待を語る

大川紫央　トランプさんから見て、やはり、娘《むすめ》のイヴァンカさんにも、その正義の心は流れているんですか。

トランプ守護霊　優秀《ゆうしゅう》だよ。

大川紫央　へえー。そうなんですね、やはり。

トランプ守護霊　あれ、イヴァンカは優秀だよ。それは頭はいいし、気立てはいいし、もう判断力は優《すぐ》れてるし、もう、それは〝娘だけど嫁《よめ》にしたい〟ぐらいの、本当、感じでなあ。

大川紫央　そうですか。

質問者Ａ　表面意識のほうでも同じようなことを言っていたと思います。

トランプ守護霊　もう、ユダヤ教徒だと大統領になれないかどうか、今、検討中だから、ちょっと。うーん。

大川紫央　では、やはり、「トランプさんの考え方」とか、「神の正義」とか、考え方もちゃんと引き継《つ》いでいらっしゃるようなタイプの方なんですね。

トランプ守護霊　まあ、クシュナーだって、けっこうあれだよ、優秀ですよ。

そらあ、バイデンなんかより、はるかに優秀ですよ。実務的手腕《しゅわん》は持ってますから。

大川紫央　仕事でも、娘さんとご結婚《けっこん》される前には、大統領になる前のトランプさんとやり合えるぐらい仕事能力をお持ちだったと……。

トランプ守護霊　そう。不動産業で私のライバルになれるぐらい、できる方だからね。いやあ、バイデンなんかには、全然負けてない人だと思うよ。だから、両方とも、夫婦《ふうふ》して両方、大統領候補の可能性があるから、まあ。

質問者Ａ　あとはユダヤ教のところでしょうか、やはり。

トランプ守護霊　まあ、場合によっては、ちょっと検討させようと思うけどね。政治的に、どうしても〝仇討ち《あだう》〟をしてもらわなきゃいけない状況《じょうきょう》があるので。まだ、もう一回戦、私が考えてるから、今はそこまで言ってないので。私が、まあ、やるべきことをちょっとやって。

私がもう、それは、バイデンの歳《とし》で大統領になれないって言うんならしかたがない。そらあ、娘たちの時代に、もう入るべきだろうね。

「世界を護《まも》るのはアメリカの使命。国連だって改革が必要」と主張

トランプ守護霊　だけど、「アメリカの魂《たましい》は死せず」だよ。世界を護《まも》るのはアメリカの使命だよ。

大川紫央　やはり、使命がある方、使命や才能があって多くの人々のためになる方は、年齢《ねんれい》ではないんですよ、本当に。

トランプ守護霊　ええ。まあ、大川総裁は、私よりは少しは若いから、まだ頑張《がんば》ってくれるとは思うけど。

いや、日本でも、そういう考え方を広げてほしい、同盟国としてね。日本のほうから言論が出ることは大事で、アメリカのマスコミを鵜呑《うの》みにしちゃあ駄目《だめ》だよ。「鵜呑みにしない方がいる」っていうだけでも、とっても心強いから。まあ、君たちの応援は、いろんなかたちで私のところに届いてきてるから。信頼《しんらい》してるからね。うーん、頑張ってやってくださいよ。

大川紫央　ありがとうございます。

トランプ守護霊　別に、イランという国が憎《にく》いわけじゃあないけども、「中東で核《かく》戦争が起きないようにはしなきゃいけない」とは思っている。

だから、それは、民族性から見たら、「幸・不幸」「不公平」はあるかもしれないけど、やっぱり、中東で核戦争を起こさないように、〝牙《きば》は抜《ぬ》いておきたい〟と思っている。

だから、中国なんかが入ったような協議では全然話にならないので、ええ。「そういうものは無効だ」と私は思ってます。国連だって改革が必要ですよ。もう、常任理事国を見直したほうがいいと思います。価値観を共にできないものは、入るべきじゃないと思う。

国連はもう形骸《けいがい》化して、無力化して、ただの〝金の無駄遣《づか》い〟になってしまっているからね。「国連軍」っていうのができないから、今のままじゃ。やっぱり、ちゃんと、そういう価値観を共通するものがやれるようにしたほうがいい。

アメリカから一方的に儲《もう》けた中国にはどうしたいか

トランプ守護霊　もう、バイデンだと、何でもかんでも一緒《いっしょ》になってしまう可能性があるんで。

大川紫央　やはり、善悪の概念《がいねん》が薄《うす》いということですか。

トランプ守護霊　動けない。動けないんで、あれじゃあ。

質問者Ａ　日本人の政治家に似ていますね。

大川紫央　似ていますよね、本当に。

トランプ守護霊　「仲良くしておけばいい」と、たぶん思ってるんだろう？

大川紫央　そう、そう、そう。そうです。

トランプ守護霊　駄目だよ。

大川紫央　「仲良くして、とりあえず事を荒立《あらだ》てなければ、自分のやっている間に被害《ひがい》が出ない」と思っていますから。

トランプ守護霊　アメリカは今は、もうコロナも含《ふく》めて、ものすごい財政赤字になってるから。これには高所得者から税金を巻き上げることを考えると思うけども。いや、それよりは「金を貯《た》めたところ」からね、「アメリカからいっぱい儲《もう》けたところ」から、やっぱり〝搾《しぼ》り取るもの〟はちゃんと搾り取って。

いやあ、それは搾り取るんじゃなくて、「ちゃんとリターンしてもらう」っていうことだからね。だから、貿易はやっぱり公平でなきゃいけないから、アメリカから一方的に儲けまくったものは、貯めたやつをちょっと出してもらわなきゃいけないと思ってるよ。

だから、中国のバブルは、ちゃんと、アメリカが責任を持って潰さなきゃいけないと思いますよ。だからね……、いや、「私が、もう一度必要になる時代が来る」と私は信じたいし、駄目なら、娘夫婦が責任を持って戦ってくれると思います。

大川紫央　はい。本当にお祈《いの》りしていますので。「トランプさんが長生きしますように」と。

質問者A　本当ですね。

トランプ守護霊　ええ、ええ。どうか忘れ去られないようにお願いします。「さよなら、トランプ」っていう題はよろしくないからね。

大川紫央　そうですね。

トランプ守護霊　ええ、ええ、違《ちが》う題にしてくださいね。

大川紫央　いや、「トランプは死せず」。

トランプ守護霊　うん、そう。そう、そう、そう。

人種差別の批判には「軍人や警官に黒人を採用した」と反論

トランプ守護霊　君たちは〝極右《きょくう》〟に見えるかもしれないけど、でも、正しいことを言ってるから。

今は、もう、「トランプ」といったら、もう「狂信・妄信《もうしん》」、もう「KKK（白人至上主義団体クー・クラックス・クランの略称《りゃくしょう》）」みたいな、何かあんな「白いマントを被《かぶ》った白人の連中」みたいにしか見えてないので。

大川紫央　はい、はい、はい。見えていないですよね。

でも、それもあれですよね。もう本当に、「表現の自由」とか「言論の自由」とかを、（トランプさんを）そちらの（ように見る）人たちのほうが奪《うば》い取っていっているようにしか見えないですよね。

トランプ守護霊　私が大統領のときだって、軍人だって警官だって、黒人だって採用してるんだからさあ、そういうふうに言ってほしくはない……。

大川紫央　本当ですよ。だって、警官に黒人が殺された事件から起こった人種差別のデモにおいても、亡《な》くなっている方はいっぱいいらっしゃるんですよ。

トランプ守護霊　そうです。

大川紫央　「デモ活動」と称した暴動によってですよ。

トランプ守護霊　そうですよ。

大川紫央　でも、それについては批判されずに、こっちの（トランプさんのほう）だけすごく批判されて、「差別主義者」「狂《くる》った暴徒たち」みたいに言われるのは、ちょっと公平ではないですよね。

トランプ守護霊　うーん。

中国を見て思うのは「神を信じない人は自己の増殖欲《ぞうしょくよく》しかない」

トランプ守護霊　今はちょっとバイデンに（政権を）取られてる隙《すき》にねえ、アジアのほうがね、「ファーウェイ」とか、私たちが追い払《はら》おうとしてるやつが（入って）、中国が今度、このアジアの国のほうを絡《から》め取りに、今、入ってきてるんでね。

これ、ちょっと、戦略性がないと駄目だと思いますよ。

大川紫央　確かに。

トランプ守護霊　だから、ミャンマーなんかもそうでしょう、おそらくね。ええ。中国が絡め取りに入ってきていると思いますよ、ああ、あれ。

質問者A　やはり関係しているんでしょうか。

トランプ守護霊　だから、もう、あれも、タイもそのうち、やられる可能性はあると思うから。アジアも制覇《せいは》する気はあるから。

あと、油田地帯を全部取るつもりで、油田を取ってから、「CO_2？　まあ、ゆっくり考えますよ」っていうところでしょう。

大川紫央　でも、そこまで欲望を持てるというのは、すごいですよね。そんなに地球を自分で独占《どくせん》したいのでしょうか。

トランプ守護霊　いや、だからね、神を信じてない人はね、もう自己の増殖欲《ぞうしょくよく》しかないんだよ。それがまったくねえ、〝あのコロナウィルスと一緒〟なんだよ。ただただ増殖している。

大川紫央　すごいですね。

トランプ守護霊　まあ、戦うべきことはたくさんある。

「これで〝鍬《くわ》〟は一鍬入れた。トランプは必ず復活する！」

トランプ守護霊　今日は、〝前座《ぜんざ》〟としてはこれで。

大川紫央　はい。

トランプ守護霊　うん？　四十分ぐらいしゃべった？

大川紫央　四十四分です。

トランプ守護霊　ああ。まあ、〝前座〟としては、こんなものでよかろう。

大川紫央　はい。では、また、今度、公式に……。

トランプ守護霊　ええ。もうちょっと正確なことを、戦略的なことを聞きたければ、やってもいい、うん。

大川紫央　はい。ありがとうございました。

トランプ守護霊　これで、〝鍬《くわ》〟は一鍬入れたから。トランプは必ず復活する！

大川紫央　はい。これで「希望の灯《ひ》」が心にともる人はたくさんいるでしょうから。

トランプ守護霊　そう、そう、そう、そう。まあ、日本のマスコミも、まだ完全にバイデンを信用してるわけでもないとは思うし。日本国民も、まあ、ワクチンが効くかどうかだけぐらいしか、今、関心がないし。菅《すが》さんが生き残れるかどうかも、ワクチンが効くかどうかぐらいにかかってるんだろう？　だから、まあ、かわいそうだけど、見てる目が〝小さい〟ようだから、〝大きな話〟をもうちょっとしておく必要があるんじゃないかな、うん。

大川紫央　はい。ありがとうございました。

質問者Ａ　ありがとうございました。

トランプ守護霊　はい。

大川隆法　（手を二回叩《たた》く）

第2章　復活への信念

――世界正義の実現に向けて――

二〇二一年二月二十五日　収録

幸福の科学　特別説法堂《せっぽうどう》にて

［質問者三名は、それぞれＡ・Ｂ・Ｃと表記］

1　トランプ氏守護霊《しゅごれい》を招霊《しょうれい》し、正式に今の考えを訊《き》く

米新政権が始まって一カ月時点での日本のマスコミの様子

大川隆法　今日は、今年のトランプさんの守護霊《しゅごれい》の霊言《れいげん》としては二回目になりますが、前回、弾劾《だんがい》裁判で無罪になったあとに一回来られています。まあ、その前までは来なかったのですけれども、そのとき、「正式にもう一回ちゃんとやりたい」ということは言っておられたのです（本書第1章参照）。

この前はリビングで霊言収録をやってしまいました。バイデンさんの守護霊に寝《しん》室《しつ》で〝襲《おそ》われるのよりは、まし〟であったとは思いますし、だいたいの簡単なことは出ているとは思うのですが、「論点として残している部分」や「フォーマリーに（正式に）訊《き》いておかねばならないこと」等はあるかと思います。

バイデン大統領の政権が始まって、まだ一カ月ちょっとぐらいなのですが、日本全体のマスコミの感じから見ると、どうでしょうか。

まあ、特別にバイデン氏に強い期待を持っているという感じでもないけれども、トランプさんのやり方を変えていこうとしているのが、どんなふうになるかという感じで見ているところが一つ。

あとは、「ワクチン等で世界のコロナ情勢が急に変わり、いいほうに行くのかどうか」というようなところとか、「ビルマ、ミャンマーの情勢、香港《ホンコン》、ウイグル等について、実際どういうふうにするのか」というあたりを見ているところかと思います。

ただ、評価としては、ずっと肯定的《こうてい》でも、ずっと否定的でもないぐらいの感じのところを走っているようなところです。

やや左翼《さよく》寄りのメディアのほうからは、前回の〝自民党政権が崩壊《ほうかい》して民主党政権になったとき〟のような空気が少し流れているようで、菅《すが》首相の足元をだいぶ崩《くず》していっている感じはするので、このあと混沌《こんとん》が来るのかどうなのか分からないところでしょうか。

トランプさんに関しては、日本のマスコミのほうは、正直に言って、何と言ったらいいか分からないような状態なのかなと思います。

前回の大統領選は、「ヒラリーさんがやや有利」でみんなまとまっていて、外務省まで意見が一緒《いっしょ》だったのに〝引っ繰《く》り返った〟ので、ちょっと動揺《どうよう》が走っていました。

今回についても、「大統領選のあと、どうなるのか。何かまたもう一回、〝引っ繰り返し〟があるのかどうか」というような様子もちょっとあったので、何とも言いがたい雰囲気《ふんいき》はありました。

しかし、バイデンさんが世界各国の首脳と連絡《れんらく》を取り合ったりしたことと、最後に、議会前でトランプさんが演説をして、共和党の有志に「議会に向かって歩いていこう」というようなことを言ったら、歩いていって勢い余って議会になだれ込《こ》んだ人もだいぶいたので、それでちょっと、何か〝暴力革命〟でもやろうとしたような感じ、〝現職大統領のクーデター〟みたいな感じに見えるような印象をつけられて、それで、かえってバイデンさんの新大統領のほうが認められた感じになったかなというところですね。

トランプさんは、そのあと、フロリダでゴルフをしたり、ご家族と一緒におられたりして、今いろいろなことを考えているのだろうとは思います。

幸福の科学は、ほかが黙《だま》っていてもトランプ氏の本を出してきた

大川隆法　日本のマスコミのほうも水面下でいろいろと動いていて、当会にも、大手新聞社やテレビ局から接触《せっしょく》がありました。一部、YouTube《ユーチューブ》とかその他で発信している方の意見が、当会の意見と一緒なのかどうかというような確認等が来たりしています。

場合によっては、アメリカの共和党の最右翼のなかに、ちょっと狂信《きょうしん》・妄信《もうしん》的な

方々も少しいるように言われているので、「もしかしたら、そのルーツが日本にあるのではないか」と嗅《か》ぎ回っているのかもしれません。そういう感じも、ちょっとすることはしております。

特にそういうことをやっているつもりはないのですが、ちょっと、そのへんを探《さぐ》っていて、「探りを入れているのかな」という感じは受けております。

ほかのところがみんな黙《だま》って、沈黙《ちんもく》しているなかで、平気でトランプさんの本とかを出していましたので、まあ、そういうふうに見られる向きもあるかもしれません。

ということで、今日は、（質問者として）英語は達者な方が二人と、日本語は達者な方が一人来ていますので、（霊言を英語か日本語か）どうしようかなと、ちょっと迷うところはあります。

バイデンさんは最初から日本語でいけたのですが、トランプさんは最初は英語でした。ところが、最近は日本語でもいけるようになってきたので、どうしましょうか。やはり、質問者のBさんが〝偉《えら》い〟ですかね？　Bさんに波動《はどう》を合わせないといけないでしょうか（笑）。

日本語でしゃべると、「『国際本部長（質問者C）は中身がない』とか言われたらかわいそうだな」と思うところもあることはあるのですけれども。まあ、適宜《てきぎ》、言いたいことがあれば言ってくだされば と思います。

では、呼びますね。

ドナルド・トランプさんの守護霊よ。ドナルド・トランプさんの守護霊よ。

（手を叩《たた》きながら）前回お約束いただきましたように、二回目の今日、フォーマルにお呼びいたしますので、言い足りなかったこと、あるいは、バイデン氏等に言いたいこと、その他、世界情勢とか、日本に対して言いたいこと等がございましたらお願いします。

トランプさんの守護霊よ、よろしくお願いします。

（約十秒間の沈黙）

2　大統領を退任した現在の率直《そっちょく》な心境

「とうとう、わが身に受難《じゅなん》も及《およ》んできた」という感じを受けている

トランプ守護霊　うん。うん。

質問者A　こんにちは。

トランプ守護霊　ああ、うん。

質問者A　ドナルド・トランプさんの守護霊でいらっしゃいますか。

トランプ守護霊　うん。

質問者A　今日は、たいへん貴重な機会を賜《たまわ》りまして、ありがとうございます。

トランプ守護霊　まあ、やっぱり挨拶《あいさつ》しなきゃいかん先だからねえ。

質問者A　四年間の大統領職を終えられましたが、本当に波瀾万丈《はらんばんじょう》のことが続きました。

ただ、最近は、ツイッター（現・X《エックス》）も〝封鎖《ふうさ》〟されて、発言の機会が非常に少なくなっていますので、今日は本当に貴重な機会だと思います。

トランプ守護霊　いやあ、「ツイッターの代わり」かなあ、これ、もしかしたら。

ああ、そうかもしらんな。

質問者Ａ　ええ。全世界に〝生《なま》の声〟を届けられるという意味では、たいへん貴重です。

トランプ守護霊　そう。とうとう最後の手段。「口コミで広げる」という、最後のメディアを使ってやるしかない。機械はもう使わせてくれなくなってきたからね。

質問者Ａ　アメリカだけでなく、日本にもトランプさんのファンはたくさんいますので、非常に待望はされているところだと思います。

トランプ守護霊　ファンがいるの？　それはよかった。いやあ、君が応援《おうえん》してくれている感じがしたけど、なんか期待に沿えなくて、申し訳ないね。

質問者A　いえ、とんでもないです。

トランプ守護霊　君、〝貧乏《びんぼう》くじ〟を引いたのと違《ちが》うか？

質問者A　いや、とんでもないです。

トランプ守護霊　まだ失脚《しっきゃく》してないのか。

質問者A　いえ（笑）。やはり、この世的なものだけではなくて……。

トランプ守護霊　ああ、そうか。

質問者A　霊的《れいてき》に見たときに、政治指導者としての一つの姿を見せていただいたということで、たいへん勉強させていただいたと思います。

トランプ守護霊　「とうとう、わが身に受難《じゅなん》も及《およ》んできた」っていう感じで、なんか、最近はイエスの気持ちがよく分かるような気がするんだな、ちょっとな。「ああ、こんな感じかな」っていう、うん。

信念を曲げず、迎合《げいごう》しなかった「信念の大統領」としての自負

質問者A　率直《そっちょく》なところ、どういうご心境でしょうか。今後のことについて、いろいろと考えておられることもあると思うのですが、いかがでしょうか。

トランプ守護霊　四年間、あるいは四年以上か、アメリカの大手メディアを「フェイクニュース」と言い続けて、現職の大統領をやったということ自体は、奇跡《きせき》的なことではあったかなあと。その意味では頑張《がんば》ったところもあるのかなあと。

自分ではね、信念を曲げなかったところ、迎合《げいごう》しなかったところは、「信念の大統領」と言われても、まあ、いいことかなあと思う点もあるけれども、大統領が代われば、すぐに私の業績・功績みたいなものが〝全部かき消えようとしている〟っていうか、砂嵐《すなあらし》のなかに埋《う》もれようとしていく感じも、急速に始まっているので。「（業績を）消してしまいたい」、「合衆国の歴史のなかから、四年ぐらいをスーッと消そうとしている」ようなふうにも見えることは見えるので。

まあ、大統領職に就《つ》いているかどうかは別としても、議会で半分ぐらいの勢力を持っている者として、アメリカが違った方向に行くようなら、やっぱり、意見も言ったり、牽制《けんせい》もしなきゃいけないとは思っているし。

だいたい、前職のを〝全部反対〟するなんて、そんな……、そんな国があっていいわけがないので、ええ。

そんなことをやっていたら、かつての「イギリス病」みたいになっちゃうからねえ。保守党と労働党が正反対のことばっかりやってたら、イギリスがガタガタになりましたからねえ。だから、そんなことがあってはいけないと思うんですけどね。まあ、言いたいことは実は溜《た》まってはいるんだけど、あんまり私が〝元気〟に言うと、やや下品に聞こえることもあるらしいとのことであるので、「君たちの〝誘《ゆう》導尋問《どうじんもん》〟に引っ掛《か》かって、ついつい話した」ということに持っていきたいなと思います。

言論封殺《ふうさつ》で見えてきた「国民主権とは違《ちが》う主権の存在」

質問者A　メディアを「フェイクニュース」だと言いながらも、正々堂々と言論でも戦われたということだと思いますので、何をどう考えておられるのかということについては……。

トランプ守護霊　アメリカはね、もう「自由の国」でなくなったわけだよ。だから、私の（ツイッターの）フォロワーは八千八百万人もいたのよ。まあ、世界中にいた。

これをねえ、取り潰《つぶ》して発信させないようにするって、これ、〝拷問《ごうもん》〟に近いよね。もうこれ、刑務所《けいむしょ》に入っとるのと一緒《いっしょ》だよ、ねえ？　ほぼね。「こんな国だったっけ？　アメリカって」っていうな。

「言論には言論で来たらどうだ？」っていう。「バイデン、一億人以上フォロワーをつかまえて、やれよ」って、まあ、言いたくはなるけどね、うーん。

質問者A　個別にテーマはいろいろとありますが、例えば、直近《ちょっきん》の話では、議会では弾劾《だんがい》裁判もありました。正直のところ、「こんなことがあっていいのだろうか」というところがあったと思います。

トランプ守護霊　いやあ、まあ、ちょっとねえ、私は少しがっかりしている面もあることはあるんだよなあ。

だから、そのねえ、「アメリカ人、大丈夫かなあ？」っていう感じだよね。この感じっていうのは、もう。

まあ、私が現職であるときに、現職であるにもかかわらず、何か私がクーデターを起こして、政権を奪取《だっしゅ》しようとしているかのような報道みたいなのをするのは、「ちょっと、こいつら、おかしいんじゃないか？」と、やっぱり思ったりもしたんですけどねえ。「おかしいんじゃないか？」っていう、うん。

あるいは、大統領任命権は、そうした大手メディアが自分で持っていると思っているのかもしれないけどね。

だけど、私の言論封殺《ふうさつ》をしたあたりで、「どうやら、国民主権とは違《ちが》う主権がどうもあるらしい」っていうことは見えたんじゃないだろうかね。これ、ちょっと、今後の課題だよな。民主主義が正常に発展していくための課題としては、要《い》るよな。

昔の交通手段が不便だったときにはねえ、それは、「新聞がすべて」だったかもしらんけどね。だけど、今はそうじゃないよね。

だから、さあ、「世界の、このいろんな無限の意見を集約したらどうなるかというのを、いったい誰《だれ》が判定できるのか」っていうところが、すごく難しくなったよね。

だから、まあ、うーん、ちょっと「混沌《こんとん》に向かってる」っていうか、「多様性」と言やあ多様性なんだけど、しかし、それだとまとまりがない考えだし。

大統領が言ってることは、何か「独裁者、軍部の独裁者がクーデターを起こして政権を乗っ取ったどこかの国」みたいな感じの言われ方をしたりもしてね。「州兵を動員して、ホワイトハウスや議会を防衛したのは、候補者だったバイデンのほうだろうが！」って（笑）、まあねえ、「現職のほうじゃないぞ」って（笑）。私が動員して、軍隊を動員して、彼らを何か封殺したわけじゃないんで。

まあ、ちょっと〝変な感じ〟？　うーん、なんか〝変な感じ〟ですよ、うん。もう〝queer《クウィア》（奇妙《きみょう》な）〟っていうかな、何て言うんだろう、これねえ。まあ、〝weird《ウィアード》（変な）〟って言ってる、うん。

質問者Ａ　はい。

アメリカのなかに、〝ある種の狂気《きょうき》〟があるように見えている

質問者Ａ　反対にトランプ政権側から見ると、メディア、民主党が総がかりで、政権発足《ほっそく》以来、ずっと攻撃《こうげき》してきたのですが、大統領の発言を封鎖したりして、そちらのほうがクーデターなのではないかという見方も、もちろんできると思います。

トランプ守護霊　少なくとも、大統領を失職してない段階で、現職の段階で封殺に入ったよね？

質問者Ａ　はい。

トランプ守護霊　（ツイッターの）アカウント閉鎖とかね、して。「あんなことが許

される権力が、この世にあっていいのか」っていう問題はあるよね。

国連だってニューヨークに本部があるわけで、アメリカが資金を出すのをやめて、「出ていってくれ」って言ったら、国連だって居場所がなくなるんだからねえ。その大統領が現職の間に、その意見を国民に伝えさせないようにすることができるっていうのは、どういうこと？

日本で言やあ、菅《すが》さん、総理の意見が気に食わないから、「息子《むすこ》が問題を起こしたから」と言って、メディアが全部一斉《いっせい》に菅さんの会見を拒否《きょひ》する、その発言は全部無視する――というような感じにやって、野党の党首の意見だけを流すようになったら、日本でな。「立憲民主党の党首の意見だけを流して、インタビューを受けてる」っていう状態だったら、〝何かおかしい〟と感じてもいいんじゃないかねえ。

だから、ちょっと、アメリカのなかに〝ある種の狂気《きょうき》〟があることは、今回よく分かった。

まあ、向こうから見れば、私の側っていうか、〝共和党の狂信的な集団〟が何か狂気を持っているというふうには見えていたんだろうけど、私のほうから見たら、自分たちを「世界の良心だ」と思っている彼らのなかに〝何か狂気がある〟ように、私には見えたので。

この判定をできるのは、もう神しかいないという感じかなあ。

3　政権交代で始まったアメリカの「分断」

バイデン氏の予算の組み方や財政赤字から予測すること

質問者A　その狂気《きょうき》の実体について、なぜこのようになっているのかということでは、「内政」だけではなくて、「外交」での海外との関係も含《ふく》めて、起きている問題があります。実際、中国とは貿易戦争で直接対峙《たいじ》していましたし、そうした流れのなかで起きていることかと思いますが。

トランプ守護霊　結局バイデンは、とりあえずまあ、一年目は人気が出る方向でやろうとしてるから、コロナ予算もいっぱい組んでるし、それから、財政赤字も、もうおそらく何千兆円にも達してると思うけど、いずれ、これ、「大増税」は来るだろうし。

メディアはその責任を取らなきゃいけないと思うんだけど、その赤字になってる理由は、要するに、いろんな国にいい顔をしたいからだろうし、アメリカの自力での経済の復興をするのを諦《あきら》めてる部分、断念してる部分があるからだろうし。

それから、「エネルギー問題」等も私は言ってたけども、アメリカの大統領が言うことよりも、〝十代のスウェーデンの不登校の女の子〟が言ってるようなことが、何か「国連の象徴《しょうちょう》」みたいになったりして。ちょっともう、「大丈夫《だいじょうぶ》かなあ」っていう。

「学校にちゃんと行きなさい」って、やっぱり大人は言わなきゃいけないので。「『科学、科学』と言う前に、学校に行きなさい」って。「ちゃんと学校を卒業してから言いなさい」って。「大学に行って勉強しなさい」って、ね？　「気象とか、いろんなものを勉強しなさい」って言わなきゃいけないのを、それを取って、使うような、なあ？　まあ、そういう風潮、軽薄《けいはく》な風潮がなあ、残念だし。

トランプ氏を〝分断主義者〟と決めつけ、意見を封殺《ふうさつ》するやり方への反論

トランプ守護霊　それと、私みたいな、経済的というか経営的な実績もあり、まあ、政治家としては素人《しろうと》に見えたかもしれないけれども、大人《おとな》として見て、アメリカ人の大人として見て、一定の見識がある人間ではあるからねえ。それをまるで、何と言いたかったのか知らんけども、（メディアは私を）何か軽薄な、うーん……、〝反知性主義〟みたいな感じにしたかった、持っていきたかった。

要するに、新聞を書いたりね、テレビでマイクを握《にぎ》っている人だけが知性的で、大統領なんかは〝反知性主義〟みたいな感じ、その象徴みたいな感じでレッテル貼《ば》りをしようとしたし。

バイデンたちの仕事も、結局、要するに、私たちのことを〝分断主義者〟という言葉で位置づける。これで世界的に広げて、〝分断主義〟ということでやって、それで、「自分たちは、みんなと手を携《たずさ》えて協力していく、やるんだ」という。

これ、まあ、オバマさんのときのうまいやり方、言葉だけで巧《たく》みにやっているように見せるやり方を継承《けいしょう》してるけどね。その〝分断主義者〟と言って私たちを決めつけてる人が、本当に「分断主義者」で、共和党の考え方を完全に締《し》め出そうとして、やってますからね。

要するに、「分断」ですよね。こういうふうに意見を封殺《ふうさつ》しようとしてるんだから。

私は、そんなことはしてないんで。私は、民主党のデモだって賛成したものもあるんで。「いいデモをやっている」という。民主党がデモでいいのをやってるようなやつは、「ああ、いいデモだ。頑張《がんば》れ」と言って応援《おうえん》したことだってあるんで。だから、「正しい」と思うことに対しては、共和党、民主党に関係なく応援したことはありますから。

あちらのほうが、よっぽど分断主義で封殺主義だよね？　と思うんだけどね。まあ、意見をまとめられる人がもういないので、どうにもなりませんけどね、うん、うん。

コロナでの死者をトランプ氏の責任だけにし、犯人扱《あつか》いする〝変な論理〟

質問者A　実際のところ、二〇二〇年の大統領選の時期から、「トランプさんを落選させよう」という運動は確かに始まっていましたが、ご自身としては、もしかしたらある程度の勝算はお持ちだったのではないかと思いますが。

トランプ守護霊　まあ、コロナのね、ちょっと、これが……。まあ、今も誇《ほこ》らしげにバイデンが言ってますけどね。「もう、アメリカ人は五十万人以上死者を出した（収録当時）。これは、過去の戦争の死者、第一次・第二次大戦、ベトナム戦争、朝《ちょう》鮮《せん》戦争、イラク戦争、湾岸《わんがん》戦争等の死者を全部合わせたよりも多い」とか言って、いかにも、なんか、私がいっぱい米国人を殺したかのような言い方を彼はしてるけどね。

まあ、米国人は殺されたかもしれないけど、その〝殺した犯人〟を糾弾《きゅうだん》してるわけじゃなくて、「殺されたら、〝殺されたときの大統領〟に責任がある」ということだけを言って、だから、「自分が大統領になる資格がある」みたいな言い方をしてるけど、このへん、何か〝変な論理〟だなあと私は思うけどね、ええ、ええ。「インディアンに襲《おそ》われたから騎兵隊《きへいたい》が全滅《ぜんめつ》した」のなら、それは相手のインディアンが攻撃《こうげき》したんだろうから、インディアンに向かって銃《じゅう》は撃《う》たなければいけないんだと思うんだが、「騎兵隊が全滅したので、騎兵隊を束《たば》ねていた軍のトップを辞《や》めさせたら、われわれが勝利した」って言うような人は頭がおかしいんじゃないかなと、私は思うんだけどな、うーん。

質問者Ａ　はい。大川隆法総裁先生も、大統領選直後の御法話《ごほうわ》のなかで、「コロナ問題というのは、実際には〝ウィルス戦争〟である」と。だから、もし、バイデン勝利ということであれば、民主党が勝ったというよりは、「アメリカが敗戦した」

ことになるということをおっしゃっていました（『“With《ウィズ》 Savior《セイビア》”――救世主と共に――』〔宗教法人幸福の科学刊〕参照）。

トランプ守護霊　そうじゃないの？

今ね、民主党政権時代は、何か、人権外交もあってねえ、いちおう香港《ホンコン》に対してもウイグルに対しても、まあ、いろいろと意見を言ったり、ビルマに対しても、「いや、軍によるクーデターみたいなのはよくない」みたいな圧力をかけて、「別にアメリカは変わっていない」みたいに見せてはいるけどさ。

でも、そのもとに、もう最初からバイデン氏は、「武漢《ぶかん》ウィルスとか、チャイナ・ウィルスとか言ったら、これは中国人差別になるし、ひいては、有色人種や黄色人種、アジア人種の差別になるから、そういう言葉を使うのは禁止する」みたいなことを言った。

これを言ったということは、例えば、先ほど言った「インディアンが騎兵隊を攻撃しても、『インディアンのことを悪く言う者は処罰《しょばつ》する』」と大統領が言った」みたいなものですよ。

コロナ発生を各国の責任と考えるバイデン氏への批評

トランプ守護霊　だから、それ（ウィルスの原因）をちゃんと究明して、（中国が）本当に〝シロ〟、〝まったくのシロ〟だっていうことが分かったらそれはいいけども、証明できてない。ＷＨＯが入って、結局、何もできなかったんでしょう？

質問者Ａ　はい。

トランプ守護霊　そんなの、みんな分かってたけどね。一年後に行って証拠《しょうこ》が残ってるはずがありませんし、二週間も待機させられてるうちに、全部口裏を合わされて、見せるところだって決められて、全部やってるんだから。

だから、私が言ったとおり、「駄目《だめ》だ」ってWHOは。「もう駄目だから」って、これはもう。「こんなところに金も出す必要はない。脱退《だったい》」って言った、この私の判断力が分からないんだろう？　普通の方《かた》には。

だから、〝ずいぶん遅《おく》れて、何周も遅れて走ってる〟んだけど、それが〝先を走っているように見せている〟っていう、まあ、そういう状況《じょうきょう》だな。

だから、「『チャイナ・ウィルス』とか『武漢ウィルス』という言葉は使うなかれ」と大統領令か何かで、最初にもう、すぐに言っちゃったあたりで、これ、もう白旗だよ。だから、敵がもういない状態になるんで。

「みんな、各自・各国、『自分のところで独自に発生した』と思って、それを甘《あま》んじて受けましょう。患者《かんじゃ》が多く出て、多くの人が死んだところは、大統領や首相の行政能力が低かったから責任を取って辞めましょう。新しい人に替《か》わってもらいましょう」って、なんか、そういうふうに言ってるような感じ。これ、〝自虐《じぎゃく》史観〟だよ。な？　はっきり言ってな。

バイデンは、これ、どう見ても（過去世は）日本人だな、これ。

質問者Ａ　はい。アメリカ人らしからぬところが……。

トランプ守護霊　いやあ、よく調べたほうがいいよ。これ、もうね、おかしい。どうもおかしい、言ってることが、うーん、どうもおかしいから。たぶん日本人で、第二次大戦の始まったときに、もう、すぐに撃墜《げきつい》されたやつか何か、そんなあたりの生まれ変わりじゃないか、これ。

実績ゼロ、名前ゼロ。まったく分からない「無名の日本人」か何かじゃないのか、これ。怪《あや》しいぞ、本当に、うーん。

質問者Ａ　さらに輪をかけて、副大統領のカマラ・ハリスさんも、ちょっと怪しげな人ではあります。

トランプ守護霊　うん。まあ、あれは、もう霊言《れいげん》する必要もなかろう。

質問者Ａ　あっ、なるほど。

トランプ守護霊　たぶん、何にも言うことはないよ。

質問者Ａ　はい、はい。

トランプ守護霊　うん、うん。まあ、外見だけだから、うん。

「国家ぐるみで嘘《うそ》をつく中国の体質は、先進国として許せない」

質問者Ａ　それで、コロナの問題についてですが、二週間ほど前にインフォーマルでしたが霊言を録《と》りに来られたときには（本書第1章参照）、はっきりと、「中国の人民解放軍が関与《かんよ》しているんだ」ということを……。

トランプ守護霊　絶対、そうだよ。

質問者A　ええ、そうおっしゃったので。これは、かなりはっきりと考えられると……。

トランプ守護霊　普通《ふつう》の人に取り扱《あつか》いできないもの。だから、それは、あの科学部隊、生物兵器や化学兵器を使う部隊だよ。「特殊部隊《とくしゅ》」を持ってるから、それがやったに決まってる。これは、もう、やられたあとは結果が出るけど、その前には分からないものなんで。まあ、そうとうは持っていますね、そういう部隊をね。

だから、もう本当に、あの嘘《うそ》つき体質は嫌《いや》だねえ！　もう私ねえ、「正直」をもって任じてるんで、自分自身は。正直だから、こんなに攻撃されているんだけど。国家ぐるみで〝嘘をみんなでつく〟というあの体質は、確かに先進国としては許せないね、もう存在として。存在を許せない、うーん。

質問者A　先日は、「責任者がいるならば、明確に責任を問うべきだ」ということもおっしゃられました（本書第1章参照）。国家指導者ということですが。

トランプ守護霊　いや、まあ、あちらは（自分が犯人だとは）言えないですよね。（向こうの）言ってることがありえないし。そう、「中国差別になる」とか、「外国から攻撃を受けたものだ」とかね、中国が言ってみたりとかね。

そして、アメリカは、もう五十万人も死んで、ねえ？　もう三千万人になろうかという感染者《かんせんしゃ》を出して。中国は、いつまでたっても（感染者は）十万人も達しなくて、死者もずっと少なくて（収録当時）。報告されてる骨壺《こつつぼ》の数はだいぶ違《ちが》う数が報告されているんだけど、こんなのがまかり通るんだ。それを言ったって、すぐに今度は「証拠を消す」からね。まあ、死体は全部、埋《う》めれば終わりだしね。

本当に、いやあ、このままで世界のトップになるのは許せないんじゃないかなあと、私は思うけどね。

安倍《あべ》前首相なんかも、これは「世界戦争だ」と認識は持ってたみたいだけども、それを発表するだけの勇気はないし、日本のマスコミはそれを受け止めるだけのまた度量がないし、日本という国も、それを世界に対して言う自信もないし、中国の〝口による反撃〟、もう報道官あたりの反撃にも耐《た》えられないっていうぐらいですよね。

だから、まあ……、いやあ、これは誰《だれ》かが戦い続けないといけないねえ。悔《くや》しいなあ。

でも、まあ、嫌《きら》われたことに、私も責任があるのかなあとは思うけども、「マスコミが全部、私を否定していたように言ってるのに、半分近い票が私にも入ったことも考えると、アメリカ国民は、それは完全に洗脳されているわけではない」ということもあると思う。今、逆風が吹《ふ》いて、黙《だま》らされてる人たちもいるとは思うけどね、うーん。

いやあ、このへんは戦いだな、「地球の価値観」をめぐっての、うーん。

中国が民主党政権に代えようとした目的は「コロナの証拠隠滅《しょうこいんめつ》」

質問者B　コロナに関して一つ質問なのですが、「コロナウィルスをつくって、世界にばら撒《ま》いた。それを仕掛《しか》けたのが中国である」ということについては、時がたつにつれてだんだん関与していた研究者等の口が割れてきて、「実は……」ということで、そういう証言や告発も出てきたり、ノーベル生理学・医学賞を取られた方からも「このウィルスの遺伝子《いでんし》構造は自然では起きない」と、人工的なウィルスであるとする分析《ぶんせき》が指摘《してき》されております。

トランプ前大統領は、現職のときに、「証拠《しょうこ》をつかんでいる」というふうに明確におっしゃっていましたが、そのあたりの情報につきましては、水面下ではそうとうな調査が行われていたと思いますけれども、その確信というのはどんな感じだったのでしょうか。

トランプ守護霊　いやあ、それは、アメリカもかなり握ってると思いますよ。でも、民主党政権になったら、そうしたＣＩＡ（中央情報局）、ＦＢＩ（連邦捜査局《れんぽうそうさきょく》）系統が持ってるものも、やっぱり出てこなくなったよね。

それが「目的」だったから。だから、民主党政権に代えて、そういう証拠が出てこないようにするのが「目的」だったんで。

質問者Ｂ　それが目的で……。

トランプ守護霊　ええ、それで、中国が〝ワーク〟した目的なんで、一年間以上……。

質問者B　ああー。もう、では、根元から証拠を消すと？

トランプ守護霊　うん、だから、これは政権を代えないと……。

質問者B　〝政権を代えて証拠を消す〟というのが狙《ねら》いだったのですね？

トランプ守護霊　うん、「代えないとまずい」ということが目的だったからね。目的は果たしたわけなんだよ。

だから、アメリカのマスコミは、その「良心」に従って行動をしないで、「利益」に従って行動したんではないかと思うよ。

証拠はあるよ。でも、出ないものは出てこないよ、うん。だから、上の政治家だけでなくて、役人も〝総入れ替え〟されてるからね。各省の役人も〝総入れ替え〟しているから、もう〝引っ越《こ》し〟だらけだよ、今ね。だから、こういう国だから、まあ、いいのか悪いのか。

日本は、政権が代わっても役所は変わらないからねえ、まあ、あれだけど。だから、そういう意味の継続性が（アメリカは）ないので。バイデンに不利になるようなことは出てこないでしょうね、しばらくね。

でも、「倒《たお》したほうがいい」っていう声が強くなってきたら、出てくる可能性はあるけど。

「アメリカは州ごとに法律が違《ちが》う〝連合国〟。日本とは違う」

質問者C　今回は、「マスコミが中国に加担した」というかたちに見えますけれども、それだけではなく、司法のほうも、「正義の心」といいましょうか、そういうものを見せない方向の判断をかなりいっぱいしたように思います。

そうした「三権分立《さんけんぶんりつ》」というところで考えても、アメリカの民主主義は機能しなくなっているのではないかというようにも見えるのですけれども、前大統領はそのへんをどのようにお感じでしょうか。


トランプ守護霊　ちょっと、日本とは違《ちが》うところもあるんでねえ。

アメリカは、「ユナイテッド・ステイツ」だから。「国が集まってできている」という〝連合国〟なので。だから、それぞれの州が、まあ、一つの国ではあるんで。それぞれの州で、州ごとに法律が違うこともあるから、判断が違う場合も出る。

それで、レッド・ステイト（共和党が強い州）、ブルー・ステイト（民主党が強い州）の違いを超《こ》えていて、まあ、民主党のほうの謳《うた》い文句《もんく》ではあるんだけど、「レッド・ステイト」か「ブルー・ステイト」かによって別の国になってしまう可能性もあるからね。

そういう意味で、まあ、「法治主義」を言ったって、だって、州によって「いいこと・悪いこと」が違うんでしょう？　だから、これを受けるのはなかなか難しいことだよね。

あと、もちろん、「最高裁」みたいなのもあることはあるんだけども、まあ、緩《ゆる》いからね。だから、「合衆国憲法に照らしてどうか」っていうことぐらいは言えるけども、「それぞれの州法に照らしてどうか」という判断に、まあ、意見がそれほど言えないところがあるんでね。だから、裁判官も政治家みたいなところがだいぶあるからねえ。

「アメリカを動かせる力」を持つ六つの権力とは

質問者Ａ　「民主党のほうが支配的な州では、やはり、かなり不正選挙はあったのではないか」ということも、だいぶ言われていまして。

トランプ守護霊　あったと思うよ（笑）。

でも、今、全部一斉《いっせい》に〝なかったこと〟にしようとして、もう〝塗《ぬ》り壁《かべ》〟、ねえ？　壁塗りみたいに、もう全部「封じ込《こ》め作戦」に入っているから。

私はフロリダに〝監禁《かんきん》〟されようとしているけど、フロリダから出られないうちに、私の所有物件をどんどん壊《こわ》していこうと、どうもしているみたいではあるから、何という……、けっこう陰謀《いんぼう》的組織だよ。

質問者Ａ　はい。

「アメリカは民主主義国のリーダーだ」と思われているのですが、実際に選挙が公正でなかった場合には、その根拠が揺《ゆ》らいでいくことになると思います。

そのあたりは、どのように考えておられるでしょうか。

トランプ守護霊　だから、三権分立と言ったけど、それだけではなくて、もう一つ、

〝第四権力〟としての「ジャーナリズム」っていうのもあるし、〝第五権力〟としての「ハリウッド」っていうのも、もう一つあるわけだよ。

それから、今度は、第五権力以外にも、〝第六権力〟として「海外の投資家」っていう権力があって、その海外の投資家が、どこに投資して、それを牛耳《ぎゅうじ》っているか、その株を牛耳っているかという。だから、資本家が海外にいて、それが投資した先を牛耳っているというのがあるから、選挙権はなくても、この国を動かせる力を持っている場合もあるわけね。

いや、もともと……、だからね、私が分断したような言い方をするけども、「もともとバラバラの国を一つにしようとした」のは私のほうで、私が一つにしようとしていたので。

「一つになろうとしたやつを、またバラそうとしている」のが、今のバイデン政権なんだよね。

質問者A　アメリカのそういう分権的なところが、逆に裏目に出たところはあるかと思います。

トランプ守護霊　そうそう。まあ、でも、実際上はおかしいけどね。ある州ではこの麻薬《まやく》は合法で、ある所では合法ではないとか、ある所では、こんなことをしたら死刑《しけい》になるとか、ならないとか。

こんなのが州ごとにバラバラに違うというんだったら、実に不公平なところがあるし。まあ、でも、実際、税率も変わる場合もあるんで。州の税率があるから、そういうので〝客呼び〟をしている所もあるし。

まあ、日本が思っているような統一国家ではないところはある。

だから、国がバラバラにくっついているので、嫌なら、ほかの所、州に引っ越して、自分が行きたい所に行ければいいっていうことだよね。共和党と民主党だって、意見が分かれすぎたら、共和党が強い州に行くなり、民主党が強い州に行くなりすればいい、と。〝国内が嫌〟なら、ハワイに行くなり、アラスカに行くなりする方法もあるっていうことだよな。

いや、実に運営はね、そんなに簡単ではないですよ。

4 醜態《しゅうたい》をさらすアメリカと、日本の将来を憂《うれ》う

バイデン氏への犯罪捜査《そうさ》をストップさせるやり方について予想する

質問者B　トランプ前大統領は、現職中……。

トランプ守護霊　「前《ぜん》」って言われると、なんか、力が落ちるんだよなあ。

質問者B　ああ、申し訳ありません。ただ、正確に言わなければならないので（苦笑）。

トランプ守護霊　まあ、〝気分〟としては、まだアメリカの大統領なんだよなあ。

質問者B　分かりました。

現職中は、「アメリカを再び偉大《いだい》な国に」ということで、強いメッセージを出されて、アメリカをまた「統一」のほう、分断ではないほうに持っていこうとされたと思います。

今、バイデン氏が新大統領になりましたが、このあたりについて、今後、どのような見立てをされていますでしょうか。

例えば、「〝戦略的忍耐《にんたい》〟という名の国家の没落《ぼつらく》がやって来るのではないか」「世界最強国からどんどん下がっていくのではないか」という見方もあります。

また、幸福の科学ではいろいろな霊査《れいさ》が行われておりまして、さまざまな高級霊または宇宙的存在からの、いろいろなものの見方を統一すると、結論として、バイデン氏の本質とは、「彼は偉大なる凡人《ぼんじん》である」というふうなことが出ております。

トランプ守護霊　凡人なんて、そんな〝尊称《そんしょう》〟を使うべきじゃないよ。

質問者B　ああ、すみません。そうですか。

トランプ守護霊　もうちょっと〝下〟でないか。

質問者B　はい。つまり、「アメリカの選択《せんたく》」は〝平凡人〟を選んでしまったのだということで、今後も、もしかしたら、ポピュリストとして、どんどんどんどん流れていってしまうとか、例えば、凡人であるがゆえに今後、さまざまな政策や判断等でもボロが出始めたりすることも予想されます。

また、先日、二月十八日に収録された「トランプは死せず」のお話のなかでは、あなた様から「今後、汚職《おしょく》まみれの政権になっていくかもしれない」ということもご示唆《しさ》を頂きましたけれども。

トランプ守護霊　実際、「汚職まみれ」だと思うよ。ただ、自分のほうが政権を取ったから、自分のところの、自分の犯罪捜査《そうさ》はストップさせるでしょうから。

質問者B　なるほど、バイデン氏は自分の犯罪捜査はストップさせると。

トランプ守護霊　ああ、ストップさ。だって、予算を出さないからね。（彼は）FBIにも予算の締《し》め上げができるからね。

だから、自分のほうの犯罪捜査は実はやられていたはずですし、FBIはしていたけど、ストップでしょうね。

その代わり、「トランプ回りの犯罪にかかわるものは、ありとあらゆるものを調べ尽《つ》くせ」っていうことで、やっているから。

まあ、いろいろやれば、いろんなことを引っ掛《か》けられなくはないからねえ。まあ、これは〝汚《きたな》いやり方〟ではあるんだけど。

本当に、日本の〝あれ〟だよ、君、もう「隠密《おんみつ》」だよ。「公儀《こうぎ》隠密」の支配する世界。アメリカはまだ〝江戸《えど》時代〟を生きとるのだよ、本当に。

「トランプ氏はまた帰ってくるのでは」という声が上がりつつある

質問者B　それに関しては、「国民主権とは違《ちが》う種類の主権が垣間《かいま》見えた」というふうに、冒頭《ぼうとう》でもおっしゃっていましたけれども。

トランプ守護霊　情報だって武器の一つでね、単に公平なものじゃないんで。「武器として、どう使うか」っていう使い方なんで。

質問者C　そうは言っても、アメリカ人は、こうしたフェアではないものに対しては、怒《いか》り始めたら、やはりグッと出てくると思うのですが。「トランプ大統領の支持率は、選挙が終わったあとのほうが上がっている」というような意見もありますし……。

トランプ守護霊　うん、ちょっとずつ、なんかね、日がたつにつれて、「やっぱり、トランプさんはまた帰ってくるんじゃないか」みたいな声は、また上がってきつつはあるけどね、一カ月ぐらいたったあたりから。

質問者Ｃ　もうすぐフロリダでＣＰＡＣ《シーパック》（保守政治行動会議）という会議が行われますけれども……。

トランプ守護霊　いやあ、まあ、報道の仕方だってさ、客観的で公平かどうか知らんけども、「議会に乱入した」っていうの、もうあれを金科玉条《きんかぎょくじょう》みたいにやられて、ちょっと、私のシンパだった人は気の毒をしているけど、「乱入したやつは全部、指名手配して捕《つか》まえる」と言ったら、本当に悪い人たち、〝シンシン刑務所《けいむしょ》の脱獄囚《だつごくしゅう》たち〟が襲《おそ》ったみたいにしか見えないじゃない、ねえ？ そんな、「トランプを支援《しえん》した熱烈《ねつれつ》信者はもう全部、逮捕《たいほ》するぞ」みたいな、国家指名手配みたいになっている。

だけど、民主党のほうだって、そんなのはもう、スーパーで略奪《りゃくだつ》したり、人を殺したり、レイプしたりしたのが、もういっぱい、いろんなときにあるからね。

それはもう、（報道での）流し方しだいだからさ。

本当に、いやあ、ちょっとねえ、うーん……、まあ、悔《くや》しいけど、私を支持した人が〝損をする〟ような感じに、今なってはいるとは思うんだけど、いずれまた逆襲《ぎゃくしゅう》には出ようとは思っていますけどね。

「バイデン陣営《じんえい》は買収による共和党分断作戦を立てている」と読む

質問者Ａ　「メディアや金融《きんゆう》の権力が、かなり影響《えいきょう》を与《あた》えている」ということですが、こと選挙ということでは、民主党のほうだけではなくて、共和党のほうも、「いったい、どちら側につくのか」というところが、多少なきにしもあらずでした。ジョージア州などでは、共和党の知事がいるのに、なぜか選挙不正を疑われたりしましたが、このあたりの状況《じょうきょう》をどういうふうにご覧になっていますか。

次の展望として、「四年後があるのか、ないのか」という意味では……。

トランプ守護霊　まあ、ちょっとね、ほかの人も、大統領になりたい人もいるからね。それは、「トランプ支持を続けたほうが有利なのか、それとも、新しい大統領が出てきたほうがチャンスが広がるのか」っていう、まあ、それがあるから、その様子見は、やっぱりあることはあるんじゃないかなと思うしね。私に仕えた人でも、大統領になりたい人はいるだろうから。

「バイデンも、あの歳《とし》でなったんだから、まだ四年後がある」といっても、「いやあ、いやいや、まあ、ほかにも有力な人はいるから」みたいな感じで、ちょっと、そういうので共和党を分断する作戦もあるから。

この共和党を分断する作戦を立てているというのもまた、バイデン陣営《じんえい》で立てているからね。だから、買収をかけているよね、ある意味でのね。

アメリカのメディアの全体主義化を指摘《してき》するトランプ氏守護霊

質問者A　主要なメディアはあまり表向きには言わないのですが、ネット界では、いろいろな情報が錯綜《さくそう》しています。
例えば、「共和党の知事のいるところでも買収されているのではないか」とか、「中国から影響を行使されているのではないか」とか、そのような話もたくさん出ています。そうした裏舞台《うらぶたい》のところについて、どういうふうにご覧になっていますか。

つまり、外国から干渉《かんしょう》されてアメリカの民主主義が脅《おびや》かされているという可能性が、指摘《してき》されています。

トランプ守護霊　うーん。まあ、あちらも必死なんでしょうけどね。私に追い込《こ》まれていたのが、逆襲をかけて、〝ネズミが猫《ねこ》の鼻をかじっているような状況〟が起きてはいるんだろうけどね。

でも、何だか、私の弁護をしていたジュリアーニ元ニューヨーク市長だとか、あるいは、私に対して少しだけ好意的だったFOX《フォックス》テレビとかも、ものすごい額、訴《うった》えられたりしているよね、何千億円も訴えられたりして。

まあ、〝気が狂《くる》っている〟としか見えないよね。「それは、どこに報道の自由があるんだい？」「君たちは全体主義を求めているのかい？」って、やっぱり言いたくはなるね、本当に。「いろんな局は要《い》らないいんじゃないか、それだったら。一局だけ選んで、あとは潰《つぶ》しちゃえばいいんだろう」っていう。
まあ、いずれ冷静にはなるのかとは思うけども、ちょっと、アメリカも〝好戦的な国〟だから（笑）、頭に血が上《のぼ》ると何でもやっちゃうところがあるんでね。
だから、最後の局面は、確かに〝南北戦争〟風の気分がちょっと漂《ただよ》っていたところはあったかもしれないけどもね。

質問者C　メディアに対する国民の信用がだいぶ減っているところもあります。一方で、ネットのニュースを、みんな観《み》るようになってきています。
ただ、そのネットをまた〝封鎖《ふうさ》〟したりして、これも右に揺《ゆ》れ、左に揺れなのですけれども、トランプ大統領は、何かメディアをつくっていくとか、そういうような構想などは……。

トランプ守護霊　いやあ、だから、ちょっとな。だから、そういう現職をやっていた人が、そんな、「新しくメディアをつくってやらなきゃいけない」っていうのは非常におかしな話ではあるんで。主要メディアがそれを伝えるのが本当だったので。だけどまあ、今はああいうＧＡＦＡ《ガーファ》等が、ねえ？　結局、中国マーケットの大きさ、この色気《いろけ》が断《た》ち切れず、誘惑《ゆうわく》に負けて、やっぱり、そちらに将来的に食い込めるように考えているっていうことだろうし。

アメリカのほうが経済制裁を加えても、今度、中国のほうがアジアの地域に対して、直接、投資もすれば、そうしたメディア戦略も、「『中国のメディア戦略に乗せてやる』っていうことで生き残れる」というような感じで、まあ、世界的に〝陣地《じんち》取《と》り合戦〟を今やっているところだね。

まあ、バイデン氏にそれだけの頭があるかどうか、これから見せていただかなきゃいけないんで。

私は、多少、発言は控《ひか》えていますよ。控えていることで、ちょっとクールになっていただきたいとは思っているので。

私がやったことはそんなに狂ったように見えたのかどうかは知らんけど、「アメリカの産業を活性化することが狂っているように見える」っていう、そういう大統領は狂っていないのかどうかを、もう一回、確かめる必要はあるよね。

これから大量の失業者を出そうとしているから、彼らは。大量の失業者を出し、アメリカの地元の産業を弱め、そして、アメリカの魅力《みりょく》であったところの「成功すれば富裕《ふゆう》になれる。豊かになれる」という信仰《しんこう》を崩《くず》し、それから、アメリカに移民してきたくなる、その魅力の部分ですね、これをもう、だんだん「平準化《へいじゅんか》」することで魅力をなくしていこうとしているだろうと思うけどね。

結局は、〝あれ〟じゃないか。バイデンの言うことを支持したところにお金が流れていって、〝富の平準化〟が行われるんじゃないかね。まあ、そんなふうには思えるけどね。

何年もかかるワクチン開発を早めるよう努めたトランプ政権

質問者C　今朝《けさ》、保守派のラジオを聴《き》いていたところ、「国立アレルギー感染症《かんせんしょう》研究所のファウチ博士の上司に当たる方が、『トランプ大統領のおかげで、ワクチン開発が五年は早まった。ワープ・スピード作戦によって一年でできたのだ』と認めている」ということを言っていました。

しかし、みんな、それは知らんぷりしていて、バイデンも無視し、ファウチも無視して、「ワクチンの分配」の話だけをしています。聴いていて、非常に卑怯《ひきょう》だなと感じました。

トランプ守護霊　今はもう、〝バイデンが世界にワクチンを配っている〟ように見えるもんね。

質問者C　そういう感じに、はい。

トランプ守護霊　ヘッヘッヘッヘッ（笑）。

質問者A　本当は、トランプさんの政権下での業績のはずなのですが。

トランプ守護霊　へへへ（笑）。いや、一年で普通《ふつう》はワクチンはつくれないんだけどねえ。これは何年間か、かかるから。

だから、一年、これはもう本当に突貫《とっかん》作業っていうのかな、もう……。〝やっつけ仕事〟かもしらんけど、まあ、「とりあえず一年で、何でもいいから効くものをつくれ」っていうことでやらせたけど。これがどこまで本格的なものかは分からないので、あんまり信用されても困るところもある。「ないよりはましだろう」というところと、とりあえず気休めっていうか、「何か武器があると思うだけでも安心できる」っていうところはあるんで。

これに便乗《びんじょう》してねえ、バイデンはやっているけど、その代わり、副反応とか副作用とか言っているものの責任も取ってもらわないといかんよね。「副反応だけはトランプの責任で」とか、また〝分断〟されると、ちょっとたまらないなあ。だから、成功例も失敗例も両方引き受けてもらわないといけないとは思うけどね。

まあ、アメリカっていう国も、ちょっとね、中国を改革したい前に、ちょっとなんか醜態《しゅうたい》をさらしたみたいで、若干《じゃっかん》残念だな。（中国は）これで「議会制民主主義になりたい」とは思わんよね。ますます〝一枚岩〟になろうとするよねえ。

コロナに騒《さわ》ぐマスコミや、スマホを見続ける現代人に対する見解

質問者Ａ　やはり、もともとご自身で持っておられたプランと、ちょっと違うかたちの結果に、今、なってきてしまったということなのでしょうか。

トランプ守護霊　うーん。だから、今は感染だって、広がっているほうの数ばっかり、世界中で言っているけど、本当は、退院した人の数を差し引くと、治っていっているわけだからさ。

マスコミは騒《さわ》ぐのが〝趣味《しゅみ》〟だから。趣味でもあるし、仕事でもあるから、〝死んだ人の数〟とか、その〝入院者の数〟のところが問題ではあろうけどね。だから、「治っていく人もいる」っていうところ、ここのところをね。

例えば、もうみんな、「罹《かか》ったら終わり」みたいに思っているかもしらんけど、イギリスのジョンソン首相みたいに、ＩＣＵに入った人が今、執務《しつむ》をとっているわけだからね。私だって罹ったけど、三日ぐらいで病院から出てきているぐらいだからねえ。

それを非科学的だと言ったり、反知性主義的に捉《とら》える向きはあるんだとは思うけど、ある意味では、本当に、麻疹《はしか》とかインフルエンザに似たところもあるとは思うよ。罹るのは罹るし、それは止められないけど、罹ったあとは、治るか、免疫《めんえき》ができてくるという面はあるから、予想外に大騒ぎしすぎているところはあるんじゃないかな。

もし、「インフルエンザが百万人単位で広がったら、もう大変なことになる」みたいな感じで、「大統領も首相も交代する」みたいな感じになっていたら、やってられないでしょうけど。毎年とは言わんけど、何年かに一回ぐらいは、何百万人単位でインフルエンザが流行《はや》る年はあると思うんでね、いろんな国でね。

だから、慣れればそれまでだけど、今回、慣れていないから大騒ぎになっているところもあったよなあ。だから、私なんかはすぐ退院して、「こんなものに負けてられないよ」っていうところを見せたし、現にそういう人もいっぱいいるんだけどねえ。

まあ、〝悪いこと〟だけを言うのがマスコミの基本的習性なんでねえ。だから、もうみんな飼い慣らされた〝麻薬犬《まやくけん》〟みたいなもので、空港で犬を連れて、麻薬が入っているやつをクンクンクンクンと言って、ワンワンワンって、これだけを慣らされているような感じで、なんかね、〝悪いこと〟にだけ強く反応する。日本も、たぶんそうだろう。君ら一年間、もうずっとコロナ報道ばっかり受けて、まあ、頭の半分は〝狂うてる〟よ、たぶんね。報道をずっと聞いていると。観なきゃいいんだけどね。だけど、現代人はもう、テレビも観りゃ新聞も読むけど、あとはスマホとかああいうのも、一日何時間も平均して見てるからね。だから、〝汚染〟され続けて。見なきゃいいのに、すぐ見たくなるからね。

まあ、ちょっとこの世の中は、何か少し、もう一段の「平安」と「秩序《ちつじょ》」を戻《もど》さないと、まずいんじゃないかな。あぶくのような情報があまりにも〝渦《うず》〟をつくりすぎるっていうか、国際世論《せろん》みたいなものをつくりすぎる傾向《けいこう》があるよな。

本質的なものをじーっと見つめる目がね、ない。

バイデン政権による〝人権外交〟がもたらすものとは

質問者A　トランプ大統領の支持者やファンの人たちは、やはり、「トランプさんは最後までとことん戦うのではないか」ということを期待しているとは思います。今後の流れとして、考えておられるところはあるのでしょうか。

トランプ守護霊　とりあえず、バイデンは今バラマキをやっていますから、当座は〝金《かね》が降ってくる〟感じ？　〝天から金が降ってくる〟状態なんで、（国民は）しばらくは文句《もんく》は言わないんだろうけど、「財政赤字」ですので、そのあと、その撒《ま》いた金の出所《でどころ》のところの問題が必ず来るので。これをどうするのかっていうところだよね。

質問者A　あと、トランプ大統領が退任する流れになってから、一気に世界情勢が大きく変わり始めそうな予兆が、あちこちに出てきています。ミャンマーでも政変が起きましたし、香港《ホンコン》の民主派も逮捕され始めましたし、台湾《たいわん》でも中国の圧力がかかっています。

トランプ守護霊　いや、これは、彼らが言う〝人権外交〟の本質なんだよ、現実はね。

だから、オバマさんは、大統領になってすぐにノーベル平和賞とかもらったけど、スピーチでね、「核《かく》なき世界を」って言ってスピーチをしたのでもらったけど。まあ実際は、核兵器を減らしているわけでもないし、中国を増大させて、経済的にも軍事的にも増大させて悪くさせたし、北朝鮮《きたちょうせん》だって悪くさせた。現実は違う、現実はね。

現実は、ノーベル平和賞を取れなかった私のほうが、金正恩《キムジョンウン》と会うことで、実際に核兵器を使えなくしたわけで。

だから、私が大統領を続けないことにより、日本の危険は増したよな。いつ何が起きるか分からないし、中国の危険も増してきたよな。それを危険と思わない人が、まあ、これが〝凡人〟と呼ばれている人たちなんだと思うんだけど。

日本の左翼《さよく》っていう人たちは、まあ、郷愁《きょうしゅう》があるのかもしれないけども、独裁による、弾圧《だんあつ》による「貧乏《びんぼう》の平等」「奴隷《どれい》の平等」みたいなのが本当に好きなんだね、根本的に。それはどういうことを意味するかが分かっていないらしい。それは〝刑務所のなかの平等〟と同じなんだよっていうことが分からないらしい。

「そんなことを問題にするよりは、『トランプ・タワーをぶち壊《こわ》してやりたい』っていう、この怨念《おんねん》のほうを晴らしたら、世界は平和になる」と思っている人がいっぱいいるんで。トランプ・タワーを倒《たお》したって、それは、ワールドトレードセンターを壊した、あのイスラム教の人と心情は大して変わらないよ、うん、本当ね。

日本の政治は、「議員の〝足払《あしばら》い〟ばかりかけて議論ができない」

質問者A　日本の政治の状況についても、まったく関心がないということもなかろうかと思います。現職の立場ですと言いづらいこともあるかと思います。今でしたら、「こうしろ」とか「ああしたほうがいい」とか、わりあいはっきり言うこともできるかと思いますが、いかがでしょうか。

トランプ守護霊　うーん……。まあ、苦戦されているようではあるね。他人事《ひとごと》ながらね。

菅《すが》さん、苦しいねえ。そのあとも……、あとも、これは厳しい状態が続くから、ああ……。日本の将来を考えると、もう暗澹《あんたん》たる感じにはなるけども、もう。君ら、ハワイ州と合併《がっぺい》しといたほうがいいんじゃないか？　そのほうが安全かもしれないよ。

質問者Ａ　「アメリカに護《まも》ってもらえ」ということですか。

トランプ守護霊　うーん。いや、もう、日米安保《あんぽ》同盟とかも言ってても分からないから、入れといてもらったほうがいいんじゃないか？　ハワイとなら、仲良く同じ国になれるんじゃないの？

質問者Ａ　「自力で戦える力があるように見えない」ということですか。

トランプ守護霊　いやあ（笑）、でも、議論しているうちに終わってしまうよ、この日本を見ていたら。議論できないんだから。そもそも議論ができないんで。そうじゃなくて、もう今、〝足払《あしばら》い〟ばっかりかけているでしょう？「接待があった」とかから始まってさあ、あとはスキャンダル路線とか。まあ、笑えるのは、夜に飲食をしたとか、ねえ？　何人かでステーキを食べたとか、一人でバーで飲んでいたとか、こんなのがみんな、この責任でクビになっていくので。まあ、日本っていうのは〝面白《おもしろ》い国〟だねえ（笑）。本当に、まあ……、ある意味では面白い。だから、『ガリバー旅行記』を読んでいるみたいだ、まるで。「この島国はアリが支配している」みたいな感じの、「アリさんたちは大騒ぎ」みたいな感じのことをやっている状態だね。

そんなことは大騒ぎするわりには、尖閣《せんかく》に中国の公船が入ってきていたとか、武器が使えるようになって、向こうももっと強くなったとか言っても、そんなことはチョロッと流れても、かといって「どうしよう」とは言わない。まあ、そういう国だよな。まこと不思議。

5 人権侵害《しんがい》を繰《く》り返す中国に対してどうしていくべきか

「〝手段として人間を使う〟中国には〝外科《げか》手術〟が必要」

質問者B　アメリカ大統領がバイデン氏となりまして、特に中国との関係が大きくまた変わってきているとは思いますけれども、先ほど「人権外交」と言われた人権のことについても、〝トランプ大統領〟の考え方とまったく違《ちが》うということで報道もございます。

というのも、二〇二一年二月十日にバイデン氏は習近平《しゅうきんぺい》氏と電話会談をしましたが、そのなかでバイデン氏は「中国の人権侵害《しんがい》というのは〝文化の産物《さんぶつ》的なもの〟であり、中国は団結して堅固《けんご》に管理される国家でなければならないので、それを正当化するためにしかたなく行動を取っているのではないだろうか」というように、人権侵害を擁護《ようご》するような発言をしました。

また、「それぞれの国には文化的に異なる規範《きはん》があり、それぞれの国の指導者は、その文化的な規範に従うことが期待されるので、〝しかたがない〟のではないか」というようなことも言って、米国内で非常に激しい反発の波紋《はもん》が広がっているというような報道もあります。

一方、日本ではあまり知られていませんが、トランプ政権時代には、アメリカの大統領としては初めて国連で北朝鮮《きたちょうせん》の拉致被害者《らちひがいしゃ》の問題に言及《げんきゅう》されたり、中国による「人権弾圧《だんあつ》」に対抗《たいこう》して、ウイグルやチベット、さらには香港《ホンコン》の人権法案を相次いで成立させ、中国の暴走を強く牽制《けんせい》するなど、先進諸国の論調をリードしてこられました。

今、人権に対する見方が前政権とまったく変わってしまっているということが、状況《じょうきょう》としてあると思いますけれども、アメリカの大統領がバイデン氏になって、中国とのかかわりをどう持とうとしているのかというあたりはいかがでしょうか。

トランプ守護霊　いやあ、もう、「アフリカから黒人奴隷《どれい》をいっぱい輸入した人は、いろんな事情があったんだろう」というような論理だろうねえ。

「そのときの事情からいって、しかたがなかったんだろう」と。「綿花《めんか》の労働者が欲《ほ》しかったんだろう。しかたがない。綿花業が必要だったからね」とか、まあ、いろいろ言い方はあるし、「牛馬《ぎゅうば》の代わりに必要だったんだろう」とかですね、「エジプトのファラオがピラミッドをつくるためには、それは、農民を駆《か》り出すしかなかったんだろう」とか、言い方はいろいろあろうけどさ。

まあ、それはそうだけども、今の民主主義は、いちおう「個人個人の幸福を目的とする」ということが基本ではあるからねえ。だから、〝手段として人間を使う〟ということはあんまりよろしくないっていうのは、基本的な考えだよな。しかし、中国にはその（手段として人間を使うという）考えが明らかにある。

だから、最低でも共産党を護《まも》るため、もっと言えば指導部を護るため、さらに言えば習近平を護るためなら、「人の一億人ぐらい、天安門《てんあんもん》を掘《ほ》ってうずめたって、彼らにとっては何の問題でもない」――基本的にはそういう考え方だと思う。それよりは、「この中央執行部《しっこうぶ》がつくった法が護られることのほうが大事」だと、こういう考えなんでね。ここのところを勘違《かんちが》いしている人がだいぶいるんじゃないかな。

その法なるものは、結局、「その支配者が有利になるような法」ということだよね。それが維持《いじ》されるんだったら犠牲《ぎせい》は厭《いと》わないし、外国がそれに対して絡《から》んでくるなら、その外国に対しては徹底的《てっていてき》に罵声《ばせい》を浴びせて、さらには不利益を何か起こしてやりたいと、こういうことでしょうからね。

あれ（中国）は〝外科手術《げか》〟が必要だと、私は思いますけどね。

質問者B　〝外科手術〟ですか。

トランプ守護霊　うん。だから、天安門（事件）のときにやらなかったことを、日本のおかげでできなかったことを、やっぱりやらなければ、これは駄目《だめ》なんじゃないですかねえ。

天意から見れば「地球温暖化」は人間が調整できるようなものではない

質問者C　バイデン政権になって、まず石油を止め、キーストーンＸＬというパイプラインの計画を引っ繰《く》り返して、そして、「地球温暖化問題にアメリカも貢献《こうけん》します」という方向で、ケリーさんを大使にしたりとか、いろいろやっています。

その一方、つい先日はあの温暖なテキサスで雪が降って……。

トランプ守護霊　フッ（笑）。

質問者C　これは天罰《てんばつ》ではないかと思うようなことがあり、そして、大停電が起きたということがございましたが。

トランプ守護霊　面白《おもしろ》かったねえ。「面白かった」って言っちゃいけないね。いや、私にもまだ責任がないわけじゃないから。

テキサスで大雪が降ってさあ、そして、回転する扇風機《せんぷうき》からつららが落ちてさあ、ウミガメが凍《こご》えてさあ、人間がそのウミガメを、もう何千何万と陸地に引き揚《あ》げて温めてやらなきゃいけないみたいなことが起きて。

ほおう、「地球温暖化」というのは〝大変な問題〟なんだなと。地球温暖化というのは、もう雪が降って、海が凍《こお》りついてウミガメが凍え死んで、冷房《れいぼう》するはずの扇風機がつららをぶら下げるようなのが、これが地球温暖化なんだなあと。これは大変な問題だというふうに、私も思いましたよ。いやあ、大変な問題。

日本も温暖化を一生懸命訴《いっしょうけんめいうった》えているときには大雪が降って、もうねえ、何日も道路で立ち往生する人たちが続出していましたからね。

やっぱり、このへんは君が言うように、天意が、「ちょっと、君たち間違っているんじゃないか」と言っているんじゃないかなと、私は思うけどね。

私みたいに「神の心」がね、まあ完全ではないけれども、だいたい薄々《うすうす》分かるような人間にとっては、そうだろうと思っているけれども、これがはるかに遠い人にとっては、分からないことだよな。

地球温暖化なんていうのは、そんな、「人間ごときが出したＣＯ$_2$なんかでねえ、こんなもので調整できると思っても、コンロの火じゃない」と言っているんだよ。そんなものじゃないので。

地球の温暖化問題というのは、地球の内部にあるマグマの活動量の変化がときどき周期的に起きてきたり、太陽の周期的活動があるんですよ、フレアのね。こういうものとの絡みで、ときどき、「温暖化の時期」と「寒冷化の時期」が交互《こうご》に過去、出たことはもう分かっていることで。過去、科学的に分かっていることであるので。ま、これをねえ、人為《じんい》的にねえ、「サンマを焼くな！　サンマを焼かなきゃ温暖化は止められるんだ！」みたいなことをやっていたら、お互《たが》いにねえ、もう血を流すような争いになるだけのことですよ。

気候変動による海没《かいぼつ》等で危険になったときの「政治家の仕事」とは

トランプ守護霊　まあ、氷河期が終わって一万年たっているかどうか分からないぐらいですのでね、これからどういう時代が来るかなんて、そんな簡単に分からない。だから、過去、それは海没《かいぼつ》した所もあろうけれども、浮上《ふじょう》して出てきた陸地や山もあろうからね。この「大きな地球全体の意志」というか、動きについては、人間はねえ、われわれ人間は何にも、もうできないところはあるので。

海岸に近い所がもし海没したら、それは山に近いほうに町を開きなさいよ。まあ、それだけのことですよ。もし寒冷化したら、温暖な地域のほうに人口は移動しなさいよ。しかたがないじゃないですか。そんな歴史は過去、何度もあったんだから。発展していた都市があるときに潰《つぶ》れていって、ほかの所に文明が移動していることは過去、何度もあるので、しかたがない。

グレタさんのところのスウェーデンが雪で埋《う》もれて……、もともと埋もれているけれども、まあ、雪で埋もれて寒くていられんというのだったら、どうぞ、地中海のほうに出てきてください。そちらへお住みになられたらよろしいんですよ、うん。アフリカにもお出《い》でください、アフリカが文明化するかもしれませんから。

だから、そういうことは過去何度も何度も起きてきているので。

日本なんか、かわいそうですよ。こんな小さな小さな島国の列島で、世界の火山の、もうどのくらいというのはちょっと忘れたけど、かなりの割合がこの日本に集まっていると言われて。まあ、少なくとも一割ぐらいはあるんじゃないかな、知らないけれども。火山が、この日本列島の、この小さいところに、（世界の）もう一パーセントもない、○・何パーセントの面積しかない日本に、世界の火山のかなりの数が集まっているんだ。

これはいつか溶岩《ようがん》が破裂《はれつ》して吹《ふ》っ飛ぶ、バーンバーンバーンと吹っ飛んで、もう粉々《こなごな》になって、みんなが海に筏《いかだ》で逃《に》げなきゃいけないときが来るかもしれない。こんなところに文明をつくっているんだからさ。それは非常に危険なところだと思いますけれどもね。

でも、しかたがないと思うよ。そういうときはそういうときで、また、ほかの所に移動するしかないじゃないですか。

プーチンと交渉《こうしょう》して、「永久凍土《とうど》が解けてきているシベリアのほうにちょっと住まわせてくれないかなあ」と言って交渉するのは、それは「政治家の仕事」ですよ。だから、そのへんについてはもう個人でできるようなものではないと、私は思うけどね。

天安門《てんあんもん》事件のときに本来やるべきだったこととは何か

質問者A　先ほど、天安門《てんあんもん》事件のことについて重要なことを言われました。「天安門事件のときに本来やるべきことがあって、それを本当はやらないといけないんだ」ということでしたが、どういうことを考えておられるのでしょうか。

今はもう守護霊様として来られているので、自由におっしゃってもいいのかなと思います。

トランプ守護霊　まあ、それは、ソ連で起きたのと同じことをちゃんとやるべきだったと思いますね。「情報の開示」をやるべきだったと思うし。

何が起きたのか、はっきり知らせるべきだし。

人権のところを言うんだったら、その被害者の氏名と亡《な》くなった人ぐらいは明らかにすべきだったと思うし。

そして、正確な映像をちゃんと流すべきで、その一部分だけしか映さず、あとは隠《かく》して。だから、被害をものすごく少なく見せて。少ない言い方だったら、もう本当に三十名かそこらぐらいしか犠牲になっていなくて、というようなものから、三千名というものもあり、イギリスみたいに「一万名死んだ」と言うところもあり……。

まあ、中国というのは、そういうところをあっという間に隠蔽《いんぺい》してしまう癖《くせ》があるので。だから、「報道の自由」を本当にやったら、すぐ逮捕《たいほ》したり死刑《しけい》にしたりする国でありますから。

まあ、あのときに情報開示をちゃんとして（おくべきだった）。「応援《おうえん》しようとしている鄧小平《とうしょうへい》の中国というのが、全然、〝体質〟は変わっていないぞ」と。（ただ、当時は中国が）西側になったと思っていたのかもしれないけれども。

まあ、欧米《おうべい》はいちおう非難はしたんだけれども、日本がね、もう罪悪感からねえ、「過去、日本のせいで苦労された」みたいなことを思う政治家がたまたま中枢《ちゅうすう》部《ぶ》にいてね、そのころにねえ。それも宮澤喜一《みやざわきいち》だの、河野洋平《こうのようへい》だ、村山富市《むらやまとみいち》だとか、そんなような人たちが、まあ、いっぱいいたのでねえ、いやあ、あっという間に、「いや、過去の日本軍の残虐《ざんぎゃく》さに比べれば大したことはない」というようなことで。

日本はねえ、それで、いち早く経済制裁をしないことにして、天皇陛下《へいか》を中国に送るという、向こうの要請《ようせい》による天皇陛下〝パンダ外交使節〟をやってのけてしまって。

おかげで、日中の関係はよくなったように見えて、その結果、はめられたのは日本であって。「日本経済の大没落」と「中国の巨大《きょだい》な勃興《ぼっこう》」が起きて、さらに、次に（中国が）軍事大国へと突入《とつにゅう》してくるという、この流れが読めなかったというところだね。

ここのところで釘《くぎ》を刺《さ》しておけば、世界の流れはだいぶ変わっただろうね。

質問者Ａ　はい。

米艦隊《かんたい》が中国の攻撃《こうげき》を受けたとき、バイデン氏がどうするか見物《みもの》

質問者Ａ　当時、ソ連が崩壊《ほうかい》したように、中国の共産党体制も自由化すべきだったという考え方もあると思います。

世界は、今、中国の共産党独裁国家に対して、どう立ち向かうかというテーマになっていると思いますが、それについて何か構想はお持ちでしょうか。

トランプ守護霊　まあ、バイデンも、艦隊《かんたい》に多少中国の近くをフラフラ通らせたりしているようではあるけれども、本当に攻撃《こうげき》とかを受けたときに、彼がどうするかだよね。見物《みもの》だね。私も見てみたい。うん、どういうふうにするかなあ。ね？

中国のほうは、そのアメリカの空母群も攻撃する兵器はもうつくっていますから、どうするのか知りたいし。

今、南沙《なんさ》諸島、西沙《せいさ》諸島のほうは用心して警戒《けいかい》しているけれども、（中国は）東《とう》沙《さ》諸島というのを狙《ねら》っているというのを、ねえ？　これは日本人が知らないところですよね？　台湾《たいわん》の西側の島々ですね。ここの「上陸作戦」をつくってやっているから。

ここを取っても、日本は別に……、島陰《しまかげ》に見えて、台湾の陰で見えない所だから、別に何も関係がないように見えるから、台湾単独にさせられる可能性がある所なんですよ。もし、ここを占領《せんりょう》されてもね、うーん。

だけど、そういう実績を一個つくれば、あとはなし崩《くず》しでいろんな所を取り始める。あとの所だって、もう海のなかを埋め立ててでも基地をつくったりしているぐらいの国ですからね。

まあ、「尖閣《せんかく》」だって、もうあっという間にウワッと艦船？　武器を使ってもいい艦船がいっぱい来て、三日で上陸して要塞《ようさい》をつくられてしまったら、もうそれで実効支配ですよ。竹島《たけしま》みたいになりますよ。だから、どうするつもりなのかなあ。

それを奪回《だっかい》するだけの力が日本にあるのなら、日本は対等の軍事同盟を結ぶには足りますけれども、アメリカに「どうにかしてくれ」と言うのだったら、「ちょっと待ってくれよ」と。「君たちが何もする気がないのに、なんでアメリカだけ、人が住んでいない所、向こうの、〝中国人が住んでいる〟所を、攻撃して取り返さなきゃいかんのだ」という話になるよな？

日米安保《あんぽ》は適用される。けれども、奪回するとは、別に約束したわけではないというところだよ。

だから、口だけなのか、実際にやるのか。これはまあ、挑発《ちょうはつ》は、今年は何度かあると思う。現実にね、どうするかということと。

もう一つ、「台湾いじめ」を今やっているからねえ。今度は台湾に、要するに〝ワクチンをやらない運動〟を中国はやっているから。中国からはやらないけれども、ヨーロッパからのワクチンが入るのも全部断らせたりして、台湾を孤立《こりつ》化させようとして「兵糧攻《ひょうろうぜ》め」に入ろうとしているんだよ、完全にね、ええ。

このへんを、バイデンがな、できるかどうかねえ。まあ、見てみたいところだけれども。

日本の政治家は、おそらく、反応は遅《おそ》かろうなと思うねえ、うん。

質問者A　はい。日本人にとっても、トランプ大統領は、非常に大事な存在でしたし、最もよい大統領だったと言えると思います。

6　世界に責任を持つアメリカであれ

「アメリカ・ファースト」の真意を語る

質問者A　先日、一度お話しいただいているので、最後に、もし、ほかにこれだけは世界の人たちに向けて言っておきたいということがありますか。

今は「トランプ待望論」が起きるのを待っているということでしょうか。

トランプ守護霊　まあ、とにかく、私のほうは、〝言葉がちょっときつい〟らしいから、あんまり言いすぎると反作用が多いから、ちょっと、しばらくおとなしくしてやって。

まあ……、バイデンが山本五十六《やまもといそろく》よろしく、「ま、一年や二年は暴《あば》れてみせましょう」みたいな感じでやっているかもしれないけれども、そのうち、ボロが出るから。彼らの政策には継続《けいぞく》性がないから。まあ、そこらへんのところをねえ、次第《しだい》しだいに、こちらのほうの仲間も増やしながら、言論を引っ繰《く》り返していかねばいかんと思っていますけれどもね。

いやあ、やっぱり「アメリカ・ファースト」の意味を誤解してはいけないと思いますよ。「世界に責任を持つのはアメリカだ」と言っているんだから。だから、その「世界に責任を持つ」ための力を保たねばならない。

その力の源泉《げんせん》は、やっぱり、一つには「経済力」でもあるし、もう一つは「決断力」「実行力」だからね。まあ、こういうものを持たないと駄目《だめ》だということで。いや、このへんを……。

まあ、彼（バイデン氏）を選んだ人たちはいるわけだから。

〝フェイクも入れればいい〟し、〝死んだ方の票も入っている〟けれども、それも入れれば八千万も入った……、幽霊《ゆうれい》にも投票権があるかもしれないから、それは私も否定はできないので。〝幽霊の票〟が入っているかもしれないけれども、まあ、八千万もの人が入れているというから、そういう人たちに、「君たちは正しい投票行動を取ったのかどうか、それをじっくりと見てくれ」と、まあ、いうことだよな。

中国が考えとして持つ「天誅《てんちゅう》」に対する見解を述べる

トランプ守護霊　中国には民主主義はかつて存在しなかったので。まあ、民主化運動自体は起きたことは最近あるけれども、近代、民主主義が根づいたこともなければ、一度も成功したことはなく、いつも「帝王《ていおう》」あるいは「国王主義」でずっとやってきた国だよね。

ただ、彼らの考え方は、例えば、国王なら国王、あるいは皇帝なら皇帝というものの制度があっても、そのトップに、天からこの人材が送り込《こ》まれるという考え方をもともと持っていたはずなんだよね。だけど、天もときどきは間違《まちが》うことがある。だから、悪い皇帝が出てきたときには、このときには「天誅《てんちゅう》」ということを起こしていいというふうな考えがあるわけだよね。

「天誅」ということで、天も間違ったと思ったら、これは天誅を下す、あるいは革命を起こして新しい王朝を起こしたりする。これは天意なんだと。たぶん民主主義の代わりに……。まあ、選挙制度がまだなかった時代だからね。昔は禅譲《ぜんじょう》主義もあったけれども、「禅譲される」のもあったけれども。

そういうふうに、悪いことをするような悪王が出てきた場合、要するに悪魔《あくま》に入られたような人だよな。こういうのが皇帝になったら、天誅を下すのが天の心だということになっているので、まあ、何らかのかたちでバランスを取ることは起きるようにはなっていると思う。

だから、「『神々は存在しない』と思ってやっている国に対して、やっぱり、それが間違いであるということは、どうしても証明する必要はある」というふうに私は思っています。

まあ、習近平《しゅうきんぺい》は無限の命を持っているわけじゃないからね。敵はたくさん、足下《そっか》にいると思うよ。そういう天誅を目指してる人はいる、近くにね。刺《さ》し違えてでも変えようと思っている人はたぶんいるから。まあ、中国内部の動きもウオッチしたいと思う。

「もしレーガン政権がもう一期やれていたら……」

トランプ守護霊　それと、アメリカは、まあ、「大統領任期制」もいいんだけど、〝まずい面〟もあったよな。

レーガンが二期八年やったけれども、それで年も取っていたのであれした（やめた）けれども、もし、レーガン政権がもうちょっと、もう一期でもやれていたら、その天安門《てんあんもん》事件以降の展開は変わっていた可能性はあるので。まあ、ちょっと残念だったなあ。

だから、二大政党制も、まあ、ちょっと考えなきゃいけなかったかもしれないし、アメリカ国民も、まあ、イメージで判断することも多いんでねえ。

父親ブッシュが「湾岸《わんがん》戦争で勝った」ってやっていたあと、日本でね、〝無様《ぶざま》に伸《の》びてしまった（倒れた）〟のを報道で生中《なま》継されてしまったら、落選しちゃって。若いクリントンのほうに任そうという、「若い」ということでクリントンにしたけど。

ま、クリントンは、日本を弱めて中国を強くしようとしたよね。だから、これでやられてしまったところがあるので。

「共産主義の悪を哲学《てつがく》的にはっきりできていない」と問題提起

トランプ守護霊　まあ、ちょっと、「共産主義の何が悪いのか」っていうところを、哲学《てつがく》的にはっきりできていないんじゃないかと思うんだよ。

結局のところ、「平等という言葉は聞こえはいいが、〝奴隷《どれい》の平等〟だったら拒否《きょひ》しなきゃいけない。だから、『白人と黒人で差があるのはおかしい。人間は平等だから』ということで、『白人も全部、黒人にしてしまえ』という議論なら、受けられない」っていうのが、私たちが言っていることなんですよ、うん。そういうのは受けられない。

「『白人がいるからいけない。黒人差別はよくない。だから、白人の顔も黒ペンキを塗《ぬ》って、みんな黒人にして同じ扱《あつか》いにしよう』という平等は、受け付けません」と言っているわけ。

彼らに新しい道を開くことはいいことだと思うけども、「結果平等」だけを言ったら、アフリカの国とアメリカとが一緒《いっしょ》になるなんてことは、ありえないことですよ。いくら富を費《つい》やしても、アフリカにも十三億人ぐらいの人はいるから、百分の一の収入で生活している人もいるアフリカの人と平等にしたら、アメリカの国民は、半分以上、財産をなくします、その時点で。それはねえ、けっこう厳しいことですよ。

それは、片や、「不労所得」ですよ。片や、何にもなく、「突如《とつじょ》、財産をなくすこと」ですよ。

これは日本の宮澤《みやざわ》政権下で起きたことですから。こういうことが起きたので、現実に。白昼《はくちゅう》堂々と起きたことですよね。

私らは、「そういう、努力、人間としての努力を虚《むな》しゅうするような政治は、やってはならない」と思っているので、「神が願うような方向で努力する人たちに、成功の福音《ふくいん》を与《あた》えねばならない」というふうに思っているので、何でもかんでも〝結果が一緒だったらいい〟となんて思っていませんよ。

だから、まあ、このへんねえ、「いい格好をするのは構わないけれども、できもしないことを言ってはいけないし、人類の未来が〝真っ暗〟になるようなことをしてはいけないと思いますよ」ということは言っておきたいね。

質問者A　ありがとうございます。

日米の〝霊的《れいてき》共同体〟をつくり、かつ、日米英で同盟を組み、価値観の共有を

質問者A　神のお心をありありと感じ取ることができるリーダーであったと。

トランプ守護霊　私、信仰《しんこう》があるからね。本当に、バイデンはねえ、神なんて分からないんだからさあ。もう、「神《かみ》」「ゴッド」と〝ペーパー（紙《かみ》）〟の違いが分からないぐらいの人だけど、私は感じているからさあ。感じているから、ここへ来て言っているんだからさ。

何とか〝霊的《れいてき》日米共同体〟をつくろうじゃないか。なあ？

質問者A　はい。

トランプ守護霊　もうちょっと何か、神の心が分かるような、そういう関係をつく

りたいよな。

アジアに一つ、それから欧米系《おうべい》に一つ、キチッと、まあ、ヨーロッパにも一つぐらいは、そういう拠点《きょてん》をカチッとつくりたいとは思うけどね。

今、イギリスが、香港《ホンコン》問題に〝乗じて〟、やっぱり責任を感じているから、五千人も香港人を受け入れると言っているけども、まあ、ブレグジットをやったから、ちょっと孤立《こりつ》感もあって、寄ってくるだろう。

だから、まあ、少なくとも、アメリカ、イギリス、日本あたりに、何かキチッと同盟を組んで、価値観を共有するように持っていこうじゃないか。ねえ？

だから、私は、「ブルー・ステイト」だの「レッド・ステイト」だの、こんなのを一緒にするだの何だのと言っているの、もう聞いていられないので、もうちょっと神の心を心として、「神を信じる心において平等」というので、できたらいきたいね。

君たちは先進的なものを持っている。それをもっと広げるべきだと思うよ。

君たちを、もし日本で狂信《きょうしん》・妄信《もうしん》的に言う人たちがいるとすれば、アメリカでもおそらくそういうふうなことを言う人たちであろうと思うよ。そのなかには〝唯物《ゆいぶつ》論《ろん》の罠《わな》〟が必ず入っているから。「この世だけの住みよさ」を必ず言っているはずなので、負けてはならないと思うな。

質問者A　はい。ありがとうございます。

支持政党にかかわらず「正しいと思うことをやりなさい」

質問者A　（ほかの質問者たちに）よろしいですか。はい。

トランプ守護霊　いやあ……。

質問者A　「ぜひとも、われわれも、その担《にな》い手でありたい」と思っております。

トランプ守護霊　うん。（質問者Aに）君が失脚《しっきゃく》しなかったのはうれしい。頑張《がんば》れ、もうちょっと。

質問者A　これからもまだまだ応援《おうえん》は……。

トランプ守護霊　うん。そうか。

質問者A　発言と行動への期待はさせていただきたいと思います。

トランプ守護霊　「共和党側〝応援〟型の本を何か訳した」とかいうので、「もうクビをはねられているんじゃないかなあ」と思って。

『トランポノミクス』（スティーブン・ムーア、アーサー・B・ラッファー 共著／藤井幹久 訳 幸福の科学出版刊）

質問者Ａ　いえ、これは、世界にとって必要な一つの指針だと思いました。日本人に先駆《さきが》けて、政治指導者としてのお手本をお示しくださったというふうに……。

トランプ守護霊　（質問者Ｃに）まあ、君は、国際本部をやらないといかんので、共和党支持者も民主党支持者もいるだろうとは思うけど、もう関係なく、「正しいことをやれ」ということを、やっぱり言うてくれよ。「正しいと思うことをやりなさい」と言うことだよ。なあ？　それを言ったらいいよ。

そして、「マスコミの偏向《へんこう》度には、いつも注意はしたほうがいい」と。

私は、「大統領職をやって金を儲《もう》けよう」なんて、一度も思ったことはありませんからね。「この才能を活《い》かしたい。アメリカのために、世界のために活かしたい」とは思ったことがあるけど、金だけを儲けるなら、不動産業をやっていたほうがよっぽど儲かるので。われわれ、その間はもう経済活動がほとんどできなかったんでね。損はしていますから、経済的には。

まあ、バイデンがずーっと若ければ、もう言えないけど、〝私より年上〟っていうんだったら、ちょっとねえ、まだまだ……。まあ、若いだけでなめられるだろうから、もうちょっと頑張る必要はあるとは思っていますよ。

まあ、日本がいちばん……。だから、「トランプの、あるいは共和党の最深部の、妄信・狂信している連中らの『陰謀論《いんぼうろん》』に近いものを、日本で拡散しているやつらがいるんじゃないか」と思って、今、調べられているらしいから。

君らはそれで、狙《ねら》われているかもしらんけども、いや、「それは、もう、神の心にいちばん近い人たちの運動であるんだ」ということだなあ、うん。

質問者A　陰謀論というよりも、正当な言論として……。

トランプ守護霊　正当だよ。うん、そうそう。

質問者Ａ　大川隆法総裁先生が日本におられたので、ここが一つの震源地《しんげんち》になっているということだと思います。

民主主義の本当の目的は「国民が幸福に生きる権利と神の国づくり」

トランプ守護霊　もし香港が〝解散〟になって、香港の人たちがみんな逃《に》げ出して、海に逃げるしかない、「船に乗っても飛行機に乗っても逮捕《たいほ》される」っていうんだったら、もう泳いで逃げるしかないから、その間に、捕《つか》まるか、銃殺《じゅうさつ》されるか、ヘリコプターから撃《う》たれるか、ドローンで攻撃《こうげき》されるか。台湾に入っても、台湾も囲まれる可能性もある。

バイデンに投票した人たちは、「こういう事態を阻止《そし》できるのか」っていうことですね。そんなことを考えてもいなかっただろう。どうせ地球の反対側だから、考えてもいなかっただろう。

民主主義っていう制度そのものを護《まも》ることが大事なことではないけども、「国民たちの幸福に生きる権利」が実は目的であって、本当は「神の国づくり」なので、「神の正義をこの世に降《お》ろす。そして、天上界《てんじょうかい》にある神の国をこの地上に少しでも投影《とうえい》できるようにするのが、政治家としての本当の使命なのだ」っていうことを伝える必要はある。

だから、ちょっと唯物論的に、ものがなりすぎているので、私はあんまり好きじゃないんだけどね。アメリカでも、「マスクを二重にかけたら罹《かか》らん」とか、もうやっているけど、いいかげんにしないと、窒息《ちっそく》して死ぬよ。次、本当に、老人たちはみな。マスクを二枚かけて走っていたら、もう呼吸困難で死ぬよ、本当に。

質問者A　はい。「トランプ大統領ご自身が正義の体現者であった」ということで、今後にもぜひ期待をさせていただきたいと思います。

トランプ守護霊　だから、まあ、君らは（私を）応援して被害《ひがい》を受けているのかもしれないけども、でも、「日本からでも応援の声がある」ってこと自体はとてもうれしい、うん。勇気の出ることだ。バイデンを持ち上げている人はほかにもいるから、もういいだろう。

いやあ、いまだに、狂《くる》っていない「知性主義」の日本人たちが存在することを、証明してくれることがありがたいね。

「復活する日が来ると信じる」と語ったトランプ氏守護霊

質問者Ａ　今日は、貴重なお時間を頂きまして、本当にありがとうございました。

質問者Ｂ　ありがとうございました。

トランプ守護霊　〝バイデン増税〟、やっぱり潰《つぶ》しておかないと危ないよ。

質問者A　そうですね。

トランプ守護霊　本当に危ないよ。そのあとどうなるか分からないから、うん。いやあ、日本の国も危ないよ。あのワクチン効かなかったら、次、何が起きるんだい？

質問者A　おそらく不況《ふきょう》が来る可能性は高いですね。

トランプ守護霊　株価が上がったりしているけど、怪《あや》しい動きだねえ。

質問者A　政治的な混乱も……。

トランプ守護霊　上がる理由は特にはないんだけどね。「お金がダブついている」っていうこと以外にはないんだけど、ほかの国よりは被害が少なくて、全部がよくなるのではないかと思っているんだろうと思うけどね。まあ、今年は正念場だな、日本も。「再び奈落《ならく》の底に沈《しず》んでいくかどうか」がかかっているから。

まあ、幸福実現党、なかなか日本のマスコミにまた、私みたいに無視されているようではあるけど、ちょっと頑張ってもらいたいなとは思うなあ。君の願いのようにはちょっと応援できなかったのが残念ではあるけど。

質問者Ａ　まだまだ期待しておりますので、ぜひ頑張っていただきたいと思います。

トランプ守護霊　トランプは死せず。

永遠のトランプ。

トランプ復活。

フェニックスのように、キリストのように、再び復活する。
うん、確実に復活する。
その日が来る。
そう私は信じていますから。

質問者Ａ　はい。貴重なメッセージを賜《たまわ》りまして、本当にありがとうございました。

トランプ守護霊　はい。

7　勇気を持って正々堂々と正論を述べていく

大川隆法　（手を一回叩く）とのことでございました。

まあ、こういう本を出すだけでも、日本では勇気が要《い》ることになるのかもしれませんけどね。

あまり姑息《こそく》であってはいけないと思います。

だから、トランプ大統領誕生のときに応援《おうえん》して、やっているときにも支持して、「その改革を日本の政治改革にも入れるべきだ」と言っていたのですから、落選したからといって、急に責任逃《のが》れをして逃《に》げ隠《かく》れするつもりはございません。

私たちは何か陰謀《いんぼう》をしたわけではありません。いつも正論を正々堂々と言っております。さいたまスーパーアリーナみたいなところでも、ちゃんと正々堂々と言って、何も隠してありませんので（二〇二〇年十二月八日のエル・カンターレ祭法話《ほうわ》を収めた『“With《ウィズ》 Savior《セイビア》”――救世主と共に――』〔前掲〕参照）、「正論だ」と思うことは言ったほうがいいと思います。

アジアの人たちは、これからとっても悲惨《ひさん》な目に遭《あ》う可能性があるし、アメリカ国民もこれから、今まで営々と努力して成功された方が大増税を食《く》らうことになる可能性もあると思います。

日本も一緒《いっしょ》です。あのグレタさんの〝炭素全体主義〟も結構だけれども、おかげで、それに便乗して、菅《すが》さんも「炭素税」とか言って、すぐ食いついてきています。税金を取る名目が欲《ほ》しいですからね。「二酸化炭素を出したら税金をかける」ということです。まあ、私たちは〝蚊《か》の大群〟に囲まれているわけではありませんので、蚊よりもやはり〝税務署〟のほうが怖《こわ》いですから、ええ。

「炭素」自体は善でも悪でもありませんし、よくつくれば「ダイヤモンド」になり、悪くできれば「ただの炭」になるだけのことです。

このへんの非常に科学的でない短絡《たんらく》主義にすぐ飛びつく人たちは、心のなかにそういうメンタリティーがたぶんあるのでしょう。だけれども、冷静でありたいものだと思っています。

質問者A　はい。ありがとうございます。

大川隆法　まあ、トランプさんの力をすぐには借りられないようではあるけれども、われらとして、やるべきことはやっていったほうがいいと思います。

質問者A　はい。本日は、まことにありがとうございました。

大川隆法　はい（手を一回叩く）。

あとがき

トランプ氏は正直で大胆《だいたん》な人である。その意味で信用できる。

今、日本政府は、日米安保は、「尖閣諸島《せんかく》」に適用されることを米国のバイデン氏と確認するのがせい一杯で、相《あい》もかわらず、中国人には意味不明の「遺憾《いかん》である」プラスα《アルファ》しかいえない。もし、中国外務省が、日本の外務省にやってくれば、「尖閣、香港、台湾および、その周辺海域は、日本の核心的《かくしんてき》利益である。」「日本は、尖閣防衛のため、有人防衛基地をつくり、台湾、香港有事《ゆうじ》には、率先《そっせん》して、信仰ある民主主義勢力を護《まも》る義務があると信ずる。」ぐらいは言うであろう。

またミャンマーの民主主義勢力の防衛と、オーストラリア、イギリス、インドとの同盟推進を考えるのは、理の当然だろう。イギリスのジョンソン首相が香港情勢に対抗して、保有している核弾頭を現行の百八十発から二百六十発に増やすと発表したのもトランプっぽい。
今、世界には、「世界正義」を考えられるリーダーが必要だ。それが神の本心でもあろう。

二〇二一年　三月十七日

幸福《こうふく》の科学《かがく》グループ創始者兼総裁《そうししゃけんそうさい》　大川隆法《おおかわりゅうほう》

『トランプは死せず』関連書籍

『真実を貫く』（大川隆法 著　幸福の科学出版刊）
『バイデン守護霊の霊言』（同右）
『中国発・新型コロナウィルス感染 霊査』（同右）
『習近平思考の今』（同右）
『CO_2排出削減は正しいか――なぜ、グレタは怒っているのか？――』（同右）
『大中華帝国崩壊への序曲――中国の女神 洞庭湖娘娘、泰山娘娘
／アフリカのズールー神の霊言――』（同右）
『習近平守護霊　ウイグル弾圧を語る』（同右）
『トランポノミクス』（スティーブン・ムーア、アーサー・B・ラッファー 共著
／藤井幹久 訳　同右）

※左記は書店では取り扱っておりません。最寄りの精舎・支部・拠点までお問い合わせください。

『“With《ウィズ》 Savior《セイビア》”――救世主と共に――』（大川隆法 著　宗教法人幸福の科学刊）

トランプは死《し》せず――復活への信念――

2021年3月26日　初版第1刷
2024年7月3日　　　　第2刷

著　者　　大《おお》川《かわ》隆《りゅう》法《ほう》

発行所　　幸福の科学出版株式会社
〒107-0052 東京都港区赤坂2丁目10番8号
TEL(03)5573-7700
https://www.irhpress.co.jp/

印刷・製本　株式会社 堀内印刷所

落丁・乱丁本はおとりかえいたします

ISBN978-4-8233-0258-9 C0030

大川隆法ベストセラーズ・アメリカと世界の未来を考える

バイデン守護霊の霊言

大統領就任直前の本心を語る

繁栄か、没落か？ アメリカ国民の選択は、はたして正しかったのか？ 内政から外交まで、大統領バイデン氏の本心に迫るスピリチュアル・インタビュー。

1,540円

習近平思考の今

バイデン米大統領の誕生から巨大化する習近平主席の支配欲──。 中国の覇権拡大の裏にある「闇の宇宙存在」と世界侵略のシナリオが明らかに。

1,540円

ゾロアスター
宇宙の闇の神とどう戦うか

全体主義国家・中国の背後に働く「闇の力」とは？ かつて宇宙の闇の神と戦ったゾロアスターが、その正体と企みを明らかにした人類への警世の書。

1,540円

シヴァ神の眼から観た
地球の未来計画

コロナはまだ序章にすぎないのか？ 米中覇権戦争の行方は？ ヒンドゥー教の最高神の一柱・シヴァ神の中核意識より、地球の未来計画の一部が明かされる。

1,540円

※表示価格は税込10%です。

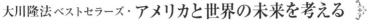

大川隆法ベストセラーズ・世界の政治指導者の本心

ウクライナ侵攻と プーチン大統領の本心

ロシアのウクライナ侵攻に正義はあるか? 日本や欧米の報道では分からない問題の核心をプーチン大統領の守護霊が語る。〈特別収録〉イワン雷帝の霊言

1,540円

金正恩 ミサイル連射の真実

ミサイル発射実験を繰り返す北朝鮮の狙いとは? 〝狂気〟のなかに秘めた「冷静な計算」と「驚きの真意」が明かされる。〝平和ボケ〟日本への痛烈な一撃!

1,540円

ゼレンスキー大統領の苦悩と 中国の野望

ポピュリズムが招いた戦争と国家の危機──。ウクライナ大統領の本心や中国・李克強首相守護霊の警鐘など、マスコミからは得られない衝撃の現実がここに。

1,540円

ウクライナ問題を語る 世界の7人のリーダー

コロナ・パンデミックの次は、世界戦争の危機か──。ウクライナ問題で世界の二極化が進むなか、誰もが知りたい世界の指導者たちの本心を探る。

1,760円

幸福の科学出版

大川隆法ベストセラーズ・地球に正義を実現するために

自由・民主・信仰の世界
日本と世界の未来ビジョン

「自由」とは?「民主主義」とは? そして人権の最後の砦となる「信仰」とは何か——。この一冊に、人類の未来を切り拓く鍵がある。

1,650円

R・A・ゴール
地球の未来を拓く言葉

今、人類の智慧と胆力が試されている——。コロナ変異種拡大の真相や、米中覇権争いの行方など、メシア資格を有する宇宙存在が人類の未来を指し示す。

1,540円

ヤイドロンの霊言
「世界の崩壊をくい止めるには」

地球の未来を拓くために、私たち人類にできることとは。最悪のシナリオを防ぎ、中国の計略から地球の正義を守るための、メシア資格を持つ宇宙存在からの「一喝」。

1,540円

メタトロンの霊言
「危機の時代の光」

地球的正義が樹立されない限り、コロナ感染も天変地異も終わらない——。メシア資格を持つ宇宙存在によって、地球全体を覆う諸問題や今後の世界の展望が明かされる。

1,540円

※表示価格は税込10%です。

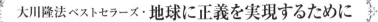

大川隆法ベストセラーズ・中国の野望への警鐘

愛は憎しみを超えて

中国を民主化させる日本と台湾の使命

中国に台湾の民主主義を広げよ——。この「中台問題」の正論が、アジアでの戦争勃発をくい止める。台湾と名古屋での講演を収録した著者渾身の一冊。

1,650円

毛沢東の霊言

中国覇権主義、暗黒の原点を探る

言論統制、覇権拡大、人民虐殺——、中国共産主義の根幹に隠された恐るべき真実とは。中国建国の父・毛沢東の虚像を打ち砕く！

1,540円

大中華帝国崩壊への序曲

中国の女神 洞庭《どうてい》湖《こ》娘娘《ニャンニャン》、泰山《たいざん》娘娘《ニャンニャン》
／アフリカのズールー神の霊言

唯物論・無神論の国家が世界帝国になることはありえない——。コロナの流行に加え、バッタ襲来、大洪水等、中国で相次ぐ天災の「神意」と「近未来予測」。

1,540円

台湾・李登輝元総統
帰天第一声

日本よ、再び武士道精神を取り戻せ！　香港、台湾、尖閣・沖縄危機が迫るなか、帰天3日後に霊言にて復活した「台湾民主化の父」からの熱きメッセージ。

1,540円

大川隆法ベストセラーズ・主なる神エル・カンターレを知る

太陽の法

エル・カンターレへの道

創世記や愛の段階、悟りの構造、文明の流転を明快に説き、主エル・カンターレの真実の使命を示した、仏法真理の基本書。25言語で発刊され、世界中で愛読されている大ベストセラー。

2,200円

永遠の法

エル・カンターレの世界観

すべての人が死後に旅立つ、あの世の世界。天国と地獄をはじめ、その様子を明確に解き明かした、霊界ガイドブックの決定版。

2,200円

幸福の科学の十大原理（上巻・下巻）

世界171カ国以上に信者を有する「世界教師」の初期講演集。幸福の科学の原点であり、いまだその生命を失わない熱き真実のメッセージ。

各1,980円

永遠の仏陀

不滅の光、いまここに

〔携帯版〕

〔携帯版〕

すべての者よ、無限の向上を目指せ──。大宇宙を創造した久遠の仏が、生きとし生けるものへ託した願いとは。

1,980円　1,320円

※表示価格は税込10%です。

大川隆法ベストセラーズ・危機の時代を生き抜く指針

地球を包む愛

人類の試練と地球神の導き

日本と世界の危機を乗り越え、希望の未来を開くために──。天《あめの》御《み》祖神《おやがみ》の教えと、その根源にある主なる神「エル・カンターレ」の考えが明かされた、地球の運命を変える書。

1,760円

メシアの法

「愛」に始まり「愛」に終わる

「この世界の始まりから終わりまで、あなた方と共にいる存在、それがエル・カンターレ」──。現代のメシアが示す、本当の「善悪の価値観」と「真実の愛」。

2,200円

真実を貫く

人類の進むべき未来

混迷する世界情勢、迫りくる核戦争の危機、そして誤った科学主義による唯物論の台頭……。地球レベルの危機を乗り越えるための「未来への指針」が示される。

1,760円

幸福の科学グループのご案内

宗教、教育、政治、出版などの活動を通じて、地球的ユートピアの実現を目指しています。

幸福の科学

一九八六年に立宗。信仰の対象は、地球系霊団の最高大霊、主エル・カンターレ。世界百七十一カ国以上の国々に信者を持ち、全人類救済という尊い使命のもと、信者は、「愛」と「悟り」と「ユートピア建設」の教えの実践、伝道に励んでいます。

（二〇二四年六月現在）

愛

幸福の科学の「愛」とは、与える愛です。これは、仏教の慈悲《じひ》や布施《ふせ》の精神と同じことです。信者は、仏法真理をお伝えすることを通して、多くの方に幸福な人生を送っていただくための活動に励んでいます。

悟り

「悟り」とは、自らが仏の子であることを知るということです。教学《きょうがく》や精神統一によって心を磨き、智慧《ちえ》を得て悩みを解決すると共に、天使・菩薩《ぼさつ》の境地を目指し、より多くの人を救える力を身につけていきます。

ユートピア建設

私たち人間は、地上に理想世界を建設するという尊い使命を持って生まれてきています。社会の悪を押しとどめ、善を推し進めるために、信者はさまざまな活動に積極的に参加しています。

幸福の科学の教えをさらに学びたい方へ

心を練る。叡智《えいち》を得る。
美しい空間で生まれ変わる――
幸福の科学の精舎《しょうじゃ》

幸福の科学の精舎《しょうじゃ》は、信仰心《しんこうしん》を深め、悟《さと》りを向上させる聖なる空間です。全国各地の精舎では、人格向上のための研修や、仕事・家庭・健康などの問題を解決するための助力が得られる祈願《きがん》を開催《かいさい》しています。研修や祈願に参加することで、日常で見失いがちな、安らかで幸福な心を取り戻《もど》すことができます。

総本山・正心館

総本山・未来館

総本山・日光精舎

総本山・那須精舎

東京正心館

全国に27精舎を展開。

運命が変わる場所 ――
幸福の科学の支部《しぶ》

幸福の科学は1986年の立宗《りっしゅう》以来、「私、幸せです」と心から言える人を増やすために、世界各地で活動を続けています。
国内では、全国に400カ所以上の支部が展開し、信仰《しんこう》に出合って人生が好転する方が多く誕生しています。
支部では御法話拝聴会、経典学習会、祈願、お祈り、悩み相談などを行っています。

海外支援・災害支援

幸福の科学のネットワークを駆使し、世界中で被災地復興や教育の支援をしています。

毎年２万人以上の方の自殺を減らすため、全国各地でキャンペーンを展開しています。

公式サイト **withyou-hs.net**

自殺防止相談窓口

受付時間　火～土:10～18時（祝日を含む）

TEL **03-5573-7707** メール **withyou-hs@happy-science.org**

視覚障害や聴覚障害、肢体不自由の方々と点訳・音訳・要約筆記・字幕作成・手話通訳等の各種ボランティアが手を携えて、真理の学習や集い、ボランティア養成等、様々な活動を行っています。

公式サイト **helen-hs.net**

入会のご案内

幸福の科学では、主エル・カンターレ 大川隆法総裁が説く仏法真《ぶっぽうしん》理《り》をもとに、「どうすれば幸福になれるのか、また、他の人を幸福にできるのか」を学び、実践しています。

入会

仏法真理を学んでみたい方へ

主エル・カンターレを信じ、その教えを学ぼうとする方なら、どなたでも入会できます。入会された方には、『入会版「正心法語《しょうしんほうご》」』が授与されます。

入会ご希望の方はネットからも入会申し込みができます。

happy-science.jp/joinus

三帰《さんき》誓願《せいがん》

信仰をさらに深めたい方へ

仏弟子としてさらに信仰を深めたい方は、仏《ぶっ》・法《ぽう》・僧《そう》の三宝《さんぼう》への帰依を誓う「三帰誓願式」を受けることができます。三帰誓願者には、『仏説・正心法語』『祈願文《きがんもん》①』『祈願文②』『エル・カンターレへの祈り』が授与されます。

幸福の科学 サービスセンター
TEL 03-5793-1727
受付時間／火～金：10～20時 土・日祝：10～18時（月曜を除く）

幸福の科学 公式サイト
happy-science.jp

幸福実現党

内憂外患《ないゆうがいかん》の国難に立ち向かうべく、2009年5月に幸福実現党を立党しました。創立者である大川隆法党総裁の精神的指導のもと、宗教だけでは解決できない問題に取り組み、幸福を具体化するための力になっています。

幸福実現党　党員募集中

あなたも幸福を実現する政治に参画しませんか。

＊申込書は、下記、幸福実現党公式サイトでダウンロードできます。
住所：〒107-0052
東京都港区赤坂2-10-8 6階 幸福実現党本部

TEL 03-6441-0754　FAX 03-6441-0764
公式サイト hr-party.jp

HS政経塾

大川隆法総裁によって創設された、「未来の日本を背負う、政界・財界で活躍するエリート養成のための社会人教育機関」です。既成の学問を超えた仏法真理を学ぶ「人生の大学院」として、理想国家建設に貢献する人材を輩出するために、2010年に開塾しました。これまで、多数の地方議員が全国各地で活躍してきています。

TEL 03-6277-6029
公式サイト hs-seikei.happy-science.jp

ハッピー・サイエンス・ユニバーシティ
Happy Science University

ハッピー・サイエンス・ユニバーシティとは

ハッピー・サイエンス・ユニバーシティ（HSU）は、
大川隆法総裁が設立された「日本発の本格私学」です。
建学の精神として「幸福の探究と新文明の創造」を掲げ、
チャレンジ精神にあふれ、新時代を切り拓く人材の輩出を目指します。

人間幸福学部　経営成功学部　未来産業学部

HSU長生キャンパス TEL **0475-32-7770**
〒299-4325 千葉県長生郡長生村一松丙 4427-1

未来創造学部

HSU未来創造・東京キャンパス
TEL **03-3699-7707**
〒136-0076 東京都江東区南砂2-6-5 公式サイト **happy-science.university**

学校法人 幸福の科学学園

学校法人 幸福の科学学園は、幸福の科学の教育理念のもとにつくられた教育機関です。人間にとって最も大切な宗教教育の導入を通じて精神性を高めながら、ユートピア建設に貢献する人材輩出を目指しています。

幸福の科学学園
中学校・高等学校（那須本校）
2010年4月開校・栃木県那須郡（男女共学・全寮制）
TEL **0287-75-7777** 公式サイト **happy-science.ac.jp**

関西中学校・高等学校（関西校）
2013年4月開校・滋賀県大津市（男女共学・寮及び通学）
TEL **077-573-7774** 公式サイト **kansai.happy-science.ac.jp**

仏法真理塾「サクセスNo.1」

全国に本校・拠点・支部校を展開する、幸福の科学による信仰教育の機関です。小学生・中学生・高校生を対象に、信仰教育・徳育にウエイトを置きつつ、将来、社会人として活躍するための学力養成にも力を注いでいます。

TEL 03-5750-0751（東京本校）

エンゼルプランV

東京本校を中心に、全国に支部教室を展開。信仰をもとに幼児の心を豊かに育む情操教育を行い、子どもの個性を伸ばして天使に育てます。

TEL 03-5750-0757（東京本校）

エンゼル精舎

乳幼児が対象の、託児型の宗教教育施設。エル・カンターレ信仰をもとに、「皆、光の子だと信じられる子」を育みます。
（※参拝施設ではありません）

不登校児支援スクール「ネバー・マインド」

TEL 03-5750-1741

心の面からのアプローチを重視して、不登校の子供たちを支援しています。

ユー・アー・エンゼル！（あなたは天使！）運動

障害児の不安や悩みに取り組み、ご両親を励まし、勇気づける、障害児支援のボランティア運動を展開しています。

一般社団法人 ユー・アー・エンゼル
TEL 03-6426-7797

NPO活動支援

学校からのいじめ追放を目指し、さまざまな社会提言をしています。また、各地でのシンポジウムや学校への啓発ポスター掲示等に取り組む一般財団法人「いじめから子供を守ろうネットワーク」を支援しています。

いじめから子供を守ろうネットワーク

公式サイト mamoro.org　ブログ blog.mamoro.org
相談窓口 TEL.03-5544-8989

100歳 幸福の科学

百歳まで生きる会～いくつになっても生涯現役～

「百歳まで生きる会」は、生涯現役人生を掲げ、友達づくり、生きがいづくりを通じ、一人ひとりの幸福と、世界のユートピア化のために、全国各地で友達の輪を広げ、地域や社会に幸福を広げていく活動を続けているシニア層（55歳以上）の集まりです。

【サービスセンター】TEL 03-5793-1727

シニア・プラン21

「百歳まで生きる会」の研修部門として、心を見つめ、新しき人生の再出発、社会貢献を目指し、セミナー等を開催しています。

【サービスセンター】TEL 03-5793-1727